创新创业导师体系1.0

中国科技咨询协会创业导师工作委员会　编著

中国铁道出版社
CHINA RAILWAY PUBLISHING HOUSE

内 容 简 介

本书是由权威机构指导,汇集国内一流创新创业领域的导师资源,共同完成的一份学术成果,也是近年来自一线创新创业导师的实践集成,对健全创新创业服务体系,进一步系统性优化创新创业生态环境,具有很好的指导性和示范性作用。

本书主要阐述了创新创业与企业家精神、创新创业导师的素养、创新创业导师的能力建设、创新创业导师研修、创新创业导师服务模式以及创新创业导师聘任等内容。

本书适合作为从事创新创业教育的高校教师和企业负责人或高管的参考书,也可供有志于创业或正在创业人员参考。

图书在版编目(CIP)数据

创新创业导师体系 1.0/中国科技咨询协会创业导师工作委员会编著. —北京：中国铁道出版社，2018.9
ISBN 978-7-113-24937-3

Ⅰ.①创… Ⅱ.①中… Ⅲ.①创业-研究 Ⅳ.①F241.4

中国版本图书馆 CIP 数据核字(2018)第 203196 号

书　　名：创新创业导师体系 1.0	
作　　者：中国科技咨询协会创业导师工作委员会　编著	
策　　划：潘星泉	读者热线：(010)63550836
责任编辑：潘星泉　卢　笛	
封面设计：刘　颖	
责任校对：张玉华	
责任印制：郭向伟	

出版发行：中国铁道出版社(100054,北京市西城区右安门西街 8 号)
网　　址：http://www.tdpress.com/51eds/
印　　刷：三河市航远印刷有限公司
版　　次：2018 年 9 月第 1 版　2018 年 9 月第 1 次印刷
开　　本：787 mm×1 092 mm　1/16　印张：11.75　字数：256 千
书　　号：ISBN 978-7-113-24937-3
定　　价：39.80 元

创新创业导师体系 1.0 编委会

前　言

谈起"双创"，不得不让人想起在 2014 年夏季达沃斯论坛开幕式上，中国国务院总理李克强为中国成长型企业和企业家们描绘的那个激动人心的未来！几年过去了，人们还能清晰地记住李克强总理那充满激情的号召："让每个有创业愿望的人都有自主创业的空间，让创新创造的血液在全社会自由流动，让自主发展精神蔚然成风。借改革创新的东风，在 960 万平方公里的大地上掀起大众创业、草根创业的新浪潮。"

然而，从古至今，无论中外，创新创业之路都不是平坦的。而所谓的创业成功，说到底还是一个"小概率事件"！我们在平时之所以听到的大多是成功者的言论，其原因也只有一个——失败者会选择沉默！

但不管怎么说，我们内心还是觉得创新与创业的群体，在当下的中国还是最具活力、最想做事、最有正能量的一批人，和他们在一起，并有机会为他们的成长与发展尽一份力，是非常快乐和有价值感的。

2017 年 7 月，《国务院关于强化实施创新驱动发展战略进一步推进大众创业万众创新深入发展的意见》(简称"意见")发布，明确指出：创新是社会进步的灵魂，创业是推进经济社会发展、改善民生的重要途径，创新和创业相连一体、共生共存。近年来，大众创业、万众创新蓬勃兴起，催生了数量众多的市场新生力量，促进了观念更新、制度创新和生产经营管理方式的深刻变革，有效提高了创新效率、缩短了创新路径，已成为稳定和扩大就业的重要支撑、推动新旧动能转换和结构转型升级的重要力量，正在成为中国经济行稳致远的活力之源。

为了响应国家的号召，顺应时代发展的潮流，落实国务院的政策，中国科技咨询协会创业导师工作委员会开始组织专家讨论《创新创业导师体系 1.0》的撰写，从创新创业者的能力建设入手，突破发展瓶颈，充分释放创新创业者潜能，进一步系统性优化创新创业生态环境，在更大范围、更高层次、更深程度上推进大众创业、万众创新。

《创新创业导师体系 1.0》从策划到撰写，历时近一年，内容涉及：创新创业与企业家精神；创新创业导师概述；创新创业导师的素养；创新创业导师的能力建设，包括精益创业、商业模式、创业心理学、沟通技能(含演讲能力、咨询能力)、教练技术、创新方法、辅导技能、辅导工具、创业辅导流程等；创新创业导师研修；创新创业导师服务模式，包括创新创业教育、创业训练、创业专题讲座、创业分享会、创业诊断辅导、创业私董会、创新创业大赛、创业路演、创业理论实践研讨会等；创新创业导师聘任，包括渠道、方式、流程以及评价活动等。《创新创业导师体系 1.0》是国内第一部由权威机构指导，汇集国内一流创新创业领域的导师资源，共同完成的一份学术成果，也是近年来自一线创新创业导师的实践集成。

2018 年的两会上，李克强总理在《政府工作报告》中明确指出：要提供全方位创新创业服务，推进"双创"示范基地建设，鼓励大企业、高校和科研院所开放创新资源，发展平台经济、共享经济，形成线上线下结合、产学研用协同、大中小企业融合的创新创业格局，打造"双创"升级版。正是在这些强大推动力的作用下，《创新创业导师体系 1.0》的出版，标志着在全面开放新格局下的"双创"开始构建以创新创业导师为主体的政、产、学、研、资等各种关键资源深度融合的开放式创新生态，与社会各方力量一起打造创新创业生态圈，共同打造创新创业升级版！

新一轮科技革命和产业变革的发展，推动了生产力和生产关系的变革，个性化定制需求呈倍数甚至几何级增长。"双创"不仅能够适应创新需要，通过中小企业灵活的经营方式、创新方式和组织结构满足市场个性化需求，还能够适应大中小企业融通发展的趋势，推动大企业通过内部组织结构改造满足市场多层次需要。可以说，《创新创业导师体系 1.0》的出版恰恰是顺应"双创"的发展规律，推动变革生产关系，发挥劳动者的创新活力，促进生产力发展及创业导师能力提升的必然之举，也是其核心的价值所在。

"双创"是探索建设创新型国家的一条新路径，双创导师则是双创群体能力的建设者，双创效能提升的催化剂，《创新创业导师体系 1.0》的出版与双创一样，同样是一个"知行合一"的过程，需要不断地完善、更新、创新……而创新创业导师的群体，同样需要在不断的创新创业的过程中，与创新创业者一起"同修、同行"，尽未来际，无休无止……

编　者
2018 年 4 月

目　　录

第1章

创新创业与企业家精神

1.1 现代化经济体系建设与创新创业

现代化经济体系的核心是质量第一、效益优先,通过推动经济发展的质量变革、效率变革、动力变革,提高全要素生产率,实现经济的高质量发展。创新是建设现代化经济体系的战略支撑。着力推动创新发展,加快建设创新型国家,是现代化经济体系建设的重要任务。

1.1.1 如何理解创新

1. 创新是推动经济社会发展的重要力量

首先,创新是人类发展历史的普遍特征。纵观人类发展历史,创新始终是推动人类社会向前发展的重要力量,也是推动一个国家向前发展的重要力量。18 世纪以来,世界经济出现的绝大多数增长,最终都可以归功于创新。创新在经济增长过程中做出了直接或间接的贡献。可以认为,没有创新,世界经济的增长过程不具有任何意义。[①]

在 21 世纪,无论在理念上还是在实践中,创新都已成为一种普遍现象。创新是企业持续增加盈利和市场份额的关键;是现代商业在日益全球化的市场中脱颖而出的为数不多的方法之一。创新驱动着各国的经济、政治、文化和卫生事业的发展步伐。竞争优势都是基于成功的创新,已经成为社会各阶层人士的共识。

2. 创新的含义

创新经济学创始人约瑟夫·熊彼特首次明确定义了创新的概念。他认为,所谓创新,就是将一种从来没有过的关于生产要素和生产条件的"新组合"引入生产体系。这种新组合包括:①引进新产品;②采用新技术,即新的生产方法;③开辟新市场;④控制原材料的新供应源;⑤实现企业的新组织。并指出,创新不同于发明,只有应用于经济生活中,并带来利润的发明,才是创新。[②]

著名战略管理学者迈克尔·波特认为,创新是"商业化的新方式(其他学者称为发明),创新过程与公司战略和竞争密不可分"。波特的定义可用公式表示:创新=发明+商业化。同

---

① 威廉·鲍莫尔. 创新:经济增长的奇迹[M]. 北京:中信出版社,2016.
② 约瑟夫·熊彼特. 经济发展理论[M]. 北京:商务印书馆,2000.

样，克利斯·弗里曼等人亦对创新给出了类似的定义，在《工业创新经济学》一书中提出，创新就是"发明并被商业化"[①]。

管理大师彼得·德鲁克认为，创新就是为客户创造出新的价值，满足客户未被满足的需求或潜在的需求，创造出新的客户的满意；是产业的变革与社会的重大改变。创新包括：产品的创新，即开发新的产品与服务或者产品与服务的新功能；管理的创新，即制造产品与服务并将其推上市场所需技能与活动的创新；社会的创新，即市场、消费者行为和价值的创新。[②]

因此，从经济学的角度，创新就是在经济活动中引入新的生产要素或生产条件，并且能够创造新的经济价值。它可以是新产品或新服务；也可以是产品或服务的市场进入新方式；或者是能够更好地提供产品或服务的新技术或者新流程；或者是采用新的组织模式，提供更具优势的产品或服务。

3. 创新的特征

创新是突破性的实践活动，不是对原内容的简单修补，它具有目的性、变革性、新颖性、前瞻性、价值性等特征。[③]

（1）目的性。任何创新活动都有一定的目的。创新是一个创造财富、产生效益的过程，其目的就是要创造新的经济效益。创新不仅仅要知道"是什么""为什么"，还要知道"有什么用""怎样才能产生效益"。

（2）变革性。创新是对已有事物的改革和革新，是一种深刻的变革。创新是一个动态过程。在泛信息时代，唯一不变的就是一切都在变，而且变化得越来越快。因此，任何创新都是一个不断迭代或者破坏性变革的过程。

（3）新颖性。创新是对现有的事物的扬弃，革除旧事物，确立新事物。具体说来，新颖性表现为三个层次：一是世界新颖性或绝对新颖性；二是局部新颖性；三是主观新颖性，即只是对创造者个人来说是前所未有的。

（4）前瞻性。创新以求新为灵魂，必须具有前瞻性，具有从实际出发、实事求是的超前的特点。创新具有能否成功的不确定性。

（5）价值性。创新有明显、具体的价值，对经济社会具有一定的效益。创新可以重新组合生产要素，从而改变资源产出，提高组织价值。而对于企业来说，创新利润是最重要的、最基础的部分。

4. 创新的分类

通过创新的含义及特征，可以对创新按如下方式进行分类：

（1）从是否直接创造经济价值，创新可以分为科学创新和商业创新。[④]

科学创新是指有关自然规律、科学理论的新发现，以及应用自然规律新发现或新的科学理

---

① 克利斯·弗里曼. 工业创新经济学[M]. 北京：北京大学出版社，2004.
② 彼得·德鲁克. 创新与企业家精神[M]. 海口：海南出版社，2000.
③ 曹裕，陈劲. 创新思维与创新管理[M]. 北京：清华大学出版社，2017.
④ 谢德荪. 重新定义创新[M]. 北京：中信出版社，2016.

论而产生的新产品及新科技。科学创新又称为"始创新"。

商业创新是指运用始创新来创造经济价值的创新活动。商业创新可以分为"源创新"和"流创新"。源创新是指通过一种新的理念来推动对人们日常生活或工作有价值的活动。流创新是指改善现有价值链的创新活动,包括:运用始创新来改进现有的产品,或找出降低成本的新流程,以及进行更有效的供应链管理等。

(2)从创新的表现形式,可分为知识创新、技术创新、管理创新和商业模式创新。

知识创新是指通过科学研究包括基础研究和应用研究,发现自然规律,获得新的基础科学与技术科学知识和理论的过程。知识创新的目的是探索新规律、创立新学说、创造新方法、积累新知识。知识创新是其他创新形式的基础,是新技术和新发明的源泉。

技术创新是指对包括新产品、新服务、新工艺等技术的新构想,经过研究开发或技术组合,获得新的实际应用并产生经济、社会效益的过程。技术创新的目的在于生产新产品、提供新服务、采用新工艺,或者对产品、服务、工艺进行改进,最终创造利润、社会福利等经济社会效益。

管理创新是指把新的管理方法、管理模式、组织形式等管理要素或要素组合引入组织管理系统以更有效地实现组织目标的活动。管理创新的目的在于提高组织活动的效率、改进组织活动的质量、降低组织活动的成本,从而提高组织活动的经济社会价值。管理创新往往会促进或推动技术创新。

商业模式创新是指组织经营管理理念的根本转变,以及与此相应的对组织运行方式的整体变革。商业模式创新的目的是通过推动一个新的理念或组织运行方式来提升组织的竞争力并创造新的价值。商业模式变革往往会带动整个利益相关者共同体的商业模式创新与变革。

(3)从创新对组织现有技术及市场知识的影响,可分为渐进型创新、适应型创新、变革型创新和建构型创新。[①]

渐进型创新是指组织在创新的同时,既保留了现有的核心技术,也保留了现有的市场能力,继续为现有市场的客户的原有需求提供服务。

适应型创新是指组织在创新时,因为现有的核心技术仍然能够为特定的客户群服务而保留了现有的技术能力,但市场能力遭到破坏,放弃了现有市场,开创了新的市场。

变革型创新是指组织在创新过程中,改变了现有的核心技术能力,但仍然保持了原有的市场能力,为原有的市场提供新的产品或服务。

建构型创新是创新导致组织原有的核心技术与市场能力同时遭到破坏,组织需要迅速转变,快速建构新的竞争力以求生存。

1.1.2　创新是经济发展的源泉

1. 创新为经济发展注入源动力

在熊彼特看来,经济的根本现象是发展而不是均衡,其根源是创新。首先提出了创新是经

---

① 克里斯托弗·韦斯特兰. 全球创新管理:一种战略方法[M]. 合肥:中国科技大学出版社,2017.

济增长的动力和源泉。经济增长的主要动力及产业演变、经济周期发生的根源是创新，而不是资本和劳动力。

创新改变了世界经济的面貌。推动和经济发展的根本动力是企业创造的新消费品、新生产方法或运输方法、新市场、新产业组织形式。正是创新这一创造性破坏的过程，不断从内部使经济结构革命化，不断地破坏旧结构，不断地创造新结构，从而导致了产业突变。[①]

在经济的关键部分，竞争的主要武器不是价格，而是创新。市场迫使管理者系统地、大规模地支持创新活动，而任何一个企业因努力创新而取得成功又迫使其他竞争对手努力开展创新活动。其结果是，在发展最快的经济部门，竞争的重要武器是创新。同时，企业之间在传播创新方面广泛合作，引发更大范围的创新。[②]

2. 企业家是创新的主体

熊彼特认为，企业家是创新、生产要素新组合，以及经济发展的主要组织者和推动者。同时指出，企业家是指有效运用资本和技术等生产要素从事创新活动即在经济体系中引进新组合的人。"每一个人只有当他实际上'实现新组合'时才是一个企业家。"企业家需要具备三个条件：一是战略眼光，能看到潜在利润的机遇；二是胆识，敢于冒险，抓住要素重组的机会；三是组织能力，能动员社会资金来实现生产要素的重新组合。[③]

德鲁克通过对过去150年来美国和德国的经济违反"康德拉季耶夫周期"现象的研究后指出，这种现象的出现是因为企业家管理这种"新技术"的影响。而同期的英国、法国却未能侥幸逃过康氏周期，唯一可以解释它们这种不同的经济行为的因素是：企业家。同时指出，企业家管理这种"新技术"就是熊彼特所谓的"创造性破坏"。[④]

鲍莫尔认为，企业家的工作就是找到新思想并将它们付诸实施。企业家功能是产量和生产率增长过程中必不可少的成分。纯粹的资本积累和劳动力的扩张很大程度上不能对各国历史上的产量增长做出解释，如果忽视企业家，将无法对历史上的经济增长给出完全充分的解释。[⑤]

中共中央、国务院在《关于营造企业家健康成长环境弘扬优秀企业家精神更好发挥企业家作用的意见》中亦指出，企业家是经济活动的重要主体。改革开放以来，一大批优秀企业家在市场竞争中迅速成长，一大批具有核心竞争力的企业不断涌现，为积累社会财富、创造就业岗位、促进经济社会发展、增强综合国力做出了重要贡献。

1.1.3 创新是建设现代化经济体系的战略支撑

1. 中国建设创新型国家战略的提出

《国家中长期科学和技术发展规划纲要（2006—2020年）》提出，面对国际新形势，我们必

① 约瑟夫·熊彼特. 资本主义、社会主义与民主[M]. 北京：商务印书馆，2016.
② 威廉·鲍莫尔. 创新：经济增长的奇迹[M]. 北京：中信出版社，2016.
③ 约瑟夫·熊彼特. 经济发展理论[M]. 北京：商务印书馆，2000.
④ 彼得·德鲁克. 创新与企业家精神[M]. 海口：海南出版社，2000.
⑤ 威廉·鲍莫尔. 企业家精神[M]. 武汉：武汉大学出版社，2010.

须更加自觉、更加坚定地把科技进步作为经济社会发展的首要推动力量,把提高自主创新能力作为提高国家竞争力的中心环节,把建设创新型国家作为面向未来的重大战略选择。

2006 年 1 月 9 日胡锦涛在全国科学技术大会上的讲话指出,建设创新型国家,核心就是把增强自主创新能力作为发展科学技术的战略基点。把增强自主创新能力作为国家战略,贯穿到现代化建设各个方面,大力推进理论创新、制度创新、科技创新。

2. 创新驱动发展战略布局

2016 年 5 月中共中央、国务院发布的《国家创新驱动发展战略纲要》(简称《纲要》)指出,创新驱动就是创新成为引领发展的第一动力;创新驱动是国家命运所系,创新强则国运昌,创新弱则国运殆。

《纲要》明确提出,创新驱动发展战略布局是"坚持双轮驱动、构建一个体系、推动六大转变"。坚持科技创新和体制机制创新两个轮子相互协调、持续发力。建设国家创新体系,形成各类创新主体协同互动和创新要素顺畅流动、高效配置的生态系统。推动发展方式从以规模扩张为主导的粗放式增长向以质量效益为主导的可持续发展转变;发展要素从传统要素主导发展向创新要素主导发展转变;产业分工从价值链中低端向价值链中高端转变;创新能力从"跟踪、并行、领跑"并存、"跟踪"为主向"并行"、"领跑"为主转变;资源配置从以研发环节为主向产业链、创新链、资金链统筹配置转变;创新群体从以科技人员的小众为主向小众与大众创新创业互动转变。

3. 创新成为建设现代化经济体系的战略支撑

党的十九大报告提出坚持新发展理念:发展必须是科学发展,必须坚定不移贯彻创新、协调、绿色、开放、共享的发展理念。

加快建设创新型国家是建设现代化经济体系的重要任务之一。"创新是引领发展的第一动力,是建设现代化经济体系的战略支撑。"基于信息技术的新一轮工业革命正在加快推进,促使工业社会快速进入到泛在信息社会。泛在信息社会时代,创新在经济发展中的地位将越来越重要,将成为我国中长期发展的重要内生动力。

建立以企业为主体、市场为导向、产学研深度融合的技术创新体系;通过强化基础研究和基础应用研究,实现前瞻性基础研究、引领性原创成果、关键共性技术等的重大突破;促进科技成果转化。

到 2020 年,我国自主创新能力显著提高,科技进步对经济增长的贡献率大幅上升,进入创新型国家行列。到 2035 年,我国经济实力、科技实力大幅跃升,跻身创新型国家前列。

4. 创新和创业相连一体、共生共存

《国务院关于强化实施创新驱动发展战略进一步推进大众创业万众创新深入发展的意见》指出,创新是社会进步的灵魂,创业是推进经济社会发展、改善民生的重要途径。大众创业、万众创新的深入发展是实施创新驱动发展战略的重要载体。

第一,近年来大众创业、万众创新的蓬勃兴起,促进了观念更新、制度创新和生产经营管理

方式的深刻变革。创新创业已成为稳定和扩大就业的重要支撑、推动新旧动能转换和结构转型升级的重要力量。

第二,坚持创新为本,以科技创新为基础支撑,实现创新带动创业、创业促进创新的良性循环。全面实施创新驱动发展战略,着力振兴实体经济,推进大众创业、万众创新深入发展。

第三,坚持质量效率并重,引导创新创业多元化、特色化、专业化发展。坚持创新创业与实体经济相结合,实现一二三产业相互渗透,创造新供给、释放新需求,增强产业活力和核心竞争力。

第四,加速科技成果向现实生产力转化,有效促进创新型创业蓬勃发展。着力推进创新创业与实体经济发展深度融合,有效促进新技术、新业态、新模式加快发展和产业结构优化升级。

5. 企业家在创新驱动战略中的作用

首先,企业家在组织和推动创新的过程中有着非常重要的作用。创新驱动实质上是人才驱动。创新驱动战略的重要措施之一是培育世界一流创新型企业。仅仅靠技术不足以形成创新型企业和好的产业,还需要企业家这一推动创新的重要力量。只有企业家才能够把科技和资本、市场、管理等要素有机整合,真正让好的技术变成好的产品和收益。

其次,国家创新决策需要企业家发挥作用。中共中央、国务院《关于深化体制机制改革加快实施创新驱动发展战略的若干意见》指出,要扩大企业在国家创新决策中话语权。建立高层次、常态化的企业技术创新对话、咨询制度,发挥企业和企业家在国家创新决策中的重要作用。吸收更多企业参与研究制定国家技术创新规划、计划、政策和标准,相关专家咨询组中产业专家和企业家应占较大比例。

1.1.4 创业是创新成果价值实现的基本途径

1. 创业的含义

创业是一种社会历史现象,是随着时代的发展而发展的社会现象。

在中华文明史上,早期出现创业一词的是东汉时期张衡的《西京赋》:"(汉)高祖创业,继体承基。"以及罗贯中《三国演义》第 44 回:"(程)普曰:'吾等自随孙将军开基创业,大小数百战,方才战得六郡城池。'"因此,在中华文明的语汇里,创业一开始就具有识别机会、整合资源、提供产品、创造价值的内涵。

在西方社会的语汇里,Entrepreneurship 一词源于法语"entre"(意为"中间")和"perndre"(意为"承担"),用来描述那些在买卖双方之中承担风险或承担创建新企业的风险的行为。[①]同样,存在着识别机会、整合资源、提供产品或服务,从而创造价值的内涵。

因此,可以给出创业的定义为,创业者通过发现和识别商业机会,对自己拥有的资源或经过努力能够拥有的资源进行整合,提供产品和服务,从而创造更大的经济社会价值的过程。

---

① 布鲁斯·巴林杰,杜安·爱尔兰. 创业管理:成功创建新企业[M]. 北京:机械工业出版社,2017.

广义而言,创业行为普遍存在于各种组织与各种经营活动之中,运用创业精神开展工作是取得成绩和进步的前提。广义的创业可定义为社会生活各领域里的人们为开创新的事业所从事的社会实践活动。

狭义的创业,是指创业者以创造就业机会和经济效益为目的,通过组建一定的企业组织形式,为社会提供产品和服务的经济活动。狭义上的创业,首先是一种经济活动,它以创造财富或追求经济效益作为目的;其次,创业活动以创办企业为标志。

2. 创新与创业的关系

从上述关于创新与创业含义的理解,我们可以看出,创业与创新有着密切的联系,二者一而二、二而一,共生共存。

首先,创业本质上是一种创新性实践活动。一是无论是何种类型的创业活动,都是创业者的一种能动的、开创性的实践活动。二是创业过程中,必定引入一种或多种熊彼特的"新组合",即便是生存型创业,也需要发现并有效把握新的市场机会,才能最终获得创业的成功。三是更多的创业是创新成果或者说发明的商业化过程。

其次,创新是创业的基础,创业是创新的载体。一是所有的创业活动必定基于创新的成果。创业者或者是发明了新技术、新工艺、新产品、新服务,或者是发现了新的客户群,或者具有其他"新组合",导致其在市场上在一定时期内能够获得竞争优势,才会开始自己的创业活动。二是发明的商业化过程本身就是一种创业过程。只有通过创业活动,发明才能商业化,最终实现经济效益。

最后,创新的价值在于创业。从前述关于创新含义的讨论可以知道,无论何种创新,必须可直接或间接商业化,能够解决人们的某些问题、满足人们的某种需要。不能解决人们的问题、满足人们的需要的创新,不是有意义的创新。即便是科学创新,如果其无法引发源创新或流创新等商业创新,也不是有意义的创新。

1.2　创新创业与创业者

1.2.1　创业的类型

按照不同的划分标准,创业可以有不同的类型划分。根据我国知名创业学者斯晓夫的观点,现将创业类型作如下划分[①]:

1. 生存型创业与创新型创业

按照创业的动力划分,创业可分为生存型创业与创新型创业。

生存型创业是指创业者为了生存,没有其他选择而无奈进行创业。生存型创业属于被动

---

① 斯晓夫,吴晓波,陈凌,邬爱其. 创业管理:理论与实践[M]. 杭州:浙江大学出版社,2016.

型创业,具有以下特征:一是面对现有市场,在现有市场中捕捉机会,表现出创业市场的现实性。二是从事的行业往往技术壁垒低,不需要高的技术、技能。三是创业者受生存所迫,物质资源匮乏,只能从事低成本、低门槛、低风险、低利润的创业。

创新型创业是指创业者建立新的市场和顾客群,突破传统的经营理念,通过自身的创造性活动引导市场的开发与形成,通过培育市场来营造商业机会,不断满足顾客的现有需求并开发其潜在需求,逐步建立起顾客的忠诚度和对企业的依赖,为社会进步与经济发展提供巨大的原动力的一类创业模式。

2. 创办新企业与企业内部创业

按照创业者地位划分,创业可分为创办新企业与企业内部创业。

创办新企业是一种典型的创业类型。一般提到创业,人们都会想到是创办一个新的企业。创办新企业型创业属于典型的主动型创业,创业者具有强大的主动性。创业者整合各种资源,创立新企业,提供产品和服务,创造经济价值。

企业内部创业是指由企业内部有创业意向的员工发起,在企业的支持下,承担企业内部某些业务内容或工作项目,或以企业的需求为主要市场的新业务项目,进行创业并与企业分享创业成果的创业模式。

在当前向泛在信息社会转型的过程中,宏观环境处于高度易变性、不确定性、复杂性状态,企业内部创业是一种值得推广的创业模式。一是可以通过满足员工的创业欲望,激发企业内部的创新活力。二是有利于降低企业发展创新业务给企业整体带来的风险。三是有利于改善企业内部的绩效管理与激励机制。四是由于有母体企业的资源支持,创业成功的概率要高得多。五是有利于促进企业商业模式的创新。

3. 营利性创业与社会性创业

按照创业的性质划分,创业可分为营利性创业与社会性创业。

营利性创业是指以获得经济利润为目的的创业。一般意义上的创业均是指营利性创业。

社会性创业是指一种通过创业为社会增加价值的过程。社会性创业是一个多维概念,包括:提供创业的善意来实现社会愿景,实现社会价值创造机会的能力,以及创新、先动性和风险承担的决策特性。社会创业的内容非常广泛,但从全球社会创业的途径来看,其核心内容主要是创新与减少贫穷、环境保护与优化、可持续发展三个方面。社会创业有利于社会进步增加价值。社会性创业与营利性创业同步发展,是一个国家成功与成熟的标志。

1.2.2 创新型创业

创新型创业是为社会进步与经济发展提供巨大的原动力的一类创业模式。它可以分为技术驱动型创业和创意驱动型创业两种类型。[①]

① 斯晓夫,吴晓波,陈凌,邬爱其. 创业管理:理论与实践[M]. 杭州:浙江大学出版社,2016.

1. 技术驱动型创业

技术驱动型创业是指创业者以自己拥有的专业特长或已有的技术成果为核心竞争力来进行的创业活动。

技术驱动型创业的特点：一是创业者具有某一专业或技术特长，或研制成功的一项新产品、新工艺；二是创业者拥有的技术具有潜在的市场或利润空间；三是创业者整合资源，将拥有的专长或技术发明发展成新创企业，并成功推向市场。

技术驱动型创业是创造市场价值的机会型创业，但能否实现组织创新，能否获得创业投资对其的支持，对创业成功与否非常重要。

2. 创意驱动型创业

创意驱动型创业是指创业者根据全新的经营理念或创新构想，探索新的经营模式的创业活动。该创业模式是所有创业模式中难度最大的一类，但一旦成功将拥有先发优势，是一种开创性价值的转型创业。

创意驱动型创业的成功，要求创业者具备两方面的关键能力：一是具有敏锐的市场眼光、独特的个性特征和旺盛的创业欲望，善于捕捉商业机会并敢于冒险。二是具有强大的资源整合能力，能够在创业的过程中快速整合相关互补资源及时跟进创业过程，以使新创企业成为新市场的领导者，拥有标准和价格制定权。

世界上大多数发达国家的经济发展都是经由创业推动创新，通过创新型创业的成功来实现的。我国能否建设成为创新型国家，建设现代化经济体系的目标能否实现，相当大的程度上要看创新型创业的数量和质量。创业不能推动高科技与先进制造业的高质量发展，纵有再多的生存型创业，对中国的发展与进步的意义也是有限的。

1.2.3　创始人或创始团队

不是每个新创企业在最初的开始阶段就需要或具备一个完整的创业团队。比较常见的是，先有一个创始人单独或两个联合创始人合作创办一家新企业，然后有其他合伙人陆续加入该企业与创始人组成创业团队。

因此，企业创始人的特征及其早期决策会对新创企业的发展道路和新创企业团队的形成方式产生重要影响。其中，创始团队的规模与创始人的素质是两个最重要的方面。[①]

1. 创始团队的规模

大多数新创企业创始人面临的首要决策是：自己单独创办企业还是组建创始团队一起创办企业。研究表明，约 60% 的新创企业是由一人以上的创业者组建的。

当新创企业由团队发起时，影响团队价值的因素包括：

一是团队成员是否有共事经历。以前有过共事经历的团队，要优于首次合作的团队。有

---

① 布鲁斯·巴林杰，杜安·爱尔兰. 创业管理：成功创建新企业[M]. 北京：机械工业出版社，2017.

过共事经历的团队通常会亲密相处并彼此信任，比陌生团队更能有效地进行沟通与互动。

二是团队成员的异质性。异质性团队成员可能在技术、人力资源决策、竞争策略及其他重要活动上存在不同的观点，可能会引发争论及建设性冲突，从而减少匆忙决策或缺乏公开讨论的可能性。

但作为新创企业，如果创始团队人数太多，会带来沟通问题和逐渐增多的潜在冲突。

2. 创始人的素质

与新创企业有关的第二个关键问题是创始人应具备的素质。创始人及其团队的素质与能力是投资人关注的首要问题。企业创建初期，创始人的知识、技术和经验是企业所具有的最有价值的资源。通常，人们通过评估企业创始人及其初始管理团队来判断新创企业的未来发展前景。以下因素对企业创始人是否取得成功至关重要：

（1）创始人受教育水平非常关键。能够正常接受高等教育的人有正常的智商与学习能力；大学教育可以提高包括研究能力、洞察力、创造力和计算机技术在内的创业能力。有研究表明，具有较高教育水平的企业创始人往往具备与商业有关的重要技能。

（2）先前创业经验、相关产业经验与网络关系也是企业创始人取得成功的重要保证。研究表明，先前创业经验是未来创业绩效最稳定的预测因素之一，具有前期创业经验的创始人创办新企业具有显著优势。相关产业经验也影响创业者成功创办新企业的能力。创始人具备与新创企业所在产业相同的产业经验，将为新创企业提供更成熟的产业关系网络，以及对所在产业更敏锐的观察。

（3）具有成熟的社会和职业关系网络是创始人或创始团队的一项尤为重要的能力。关系网络是指构建并维持与兴趣类似者或能给企业带来竞争优势者的关系。创始人或创始团队必须经常与其社会及个人网络"打交道"，为新创企业的成长与发展筹集资本或获取其他关键资源。

3. 团队创业相对单独创业的优势

团队创业，每一个合伙人都会拥有其自身的优势，从而构筑创业团队的整体优势。因此，团队创业相对于单独创业具有如下优势[①]：

一是合伙人可以为创始人分担压力和责任。

二是合伙人可以替创始人完成其不擅长或没有兴趣的工作。

三是合伙人为新创企业带来的才能、创意及专业联系，要远多于创始人个人所能做到的。

四是合伙人可以提供创始人原本无法把握的商业机会，并能更迅速地利用机会。

五是新创企业的创业团队成员之间彼此给予的心理支持也是创业成功的关键因素。

六是有合伙人，也就有了在创业企业高层实现协同配合及优化决策的能力。

---

① 斯晓夫，吴晓波，陈凌，邹爱其. 创业管理：理论与实践[M]. 杭州：浙江大学出版社，2016.

4. 团队创业的可能陷阱

团队创业而非单独创建企业,需要谨防的两个可能陷阱[1]:

一是团队成员可能无法和睦相处。团队成员尤其是首次合作的团队成员,容易在工作习惯、风险容忍度、激情、企业如何运转等关键问题上产生分歧。如果新创企业团队不能在这些问题上达成一致意见,创业从一开始就会陷入麻烦之中。

二是当新创企业需要建立正式组织结构并任命一人为CEO,以及为其他高层职位做出任命时,没有被任命为CEO或未得到其他期望职位的成员会感到失落。

1.2.4 成功创业者的特征

尽管许多新兴行业与企业被认为是创新型创业者的成就,但真正成功的创新型创业者只在少数。成功的创新型新创业者具有以下四个基本特征[2]:

1. 充满激情

成功创业者共有的第一个特征是对创业充满激情,不管是在新企业还是现有的企业中都是如此。这种激情源于创业者认为他的企业将积极地影响人们生活的信念。

激情对于创业企业非常重要。因为,对于一家企业尤其是新创企业而言,至少有以下五方面原因,要求创业者或核心团队富有激情:

(1)学习与迭代的能力。创业者并非拥有所有问题的答案,再加上环境的极大不确定性,需要创业者保持激情,吸收反馈,做出必要的改变,推动新创企业的发展。改变往往并不总是明显的。创业者需要激情来完成探索正确答案的过程。

(2)长时间努力工作的意愿。通常而言,创业者相比传统的工作职位,需要投入更多的工作时间与精力。需要创业者保持激情,再辛苦的工作也不会厌倦。

(3)克服挫折和拒绝的能力。创业是一个具有极大不确定性的过程。创业者会经历许多挫折和失败,并且会从潜在顾客、投资者等人那里听到很多拒绝的声音。对创意富有激情会源源不断地产生推进创业成功的正能量。

(4)倾听关于创业者及其组织的缺点的能力。在创业过程中,创业者会遇到很多人。他们会告诉创业者如何改善自己及其组织。创业者必须倾听他们的意见,要懂得领会给出意见的人的意图。如果建议有效,要做出改变。

(5)持之以恒。持之以恒源于激情。作为一个创业者,会有低迷期,建立一个创业企业总是伴随着挑战,激情能为创业者提供度过这段困难时期的动力。

但是,需要指出,尽管创业者应该有激情,但对激情的盲目相信可能会产生错误判断。对商业创意具有激情很重要,但理解创意的潜在缺陷和风险也很重要。创业者应该知道,只有在激情与技能相一致且激情处于合法的商业机会领域时,最有效的商业创意才能站稳

① 布鲁斯·巴林杰,杜安·爱尔兰. 创业管理:成功创建新企业[M]. 北京:机械工业出版社,2017.
② 布鲁斯·巴林杰,杜安·爱尔兰. 创业管理:成功创建新企业[M]. 北京:机械工业出版社,2017.

一席之地。

2. 关注产品/服务与顾客

成功创业者的第二个显著特征是关注产品/服务与顾客。对于任何企业而言,产品/服务与顾客都是两个至关重要的因素。对新创企业来说,产品/服务与顾客尤其重要:

(1) 顾客是企业价值的来源。只有顾客愿意支付金钱购买企业的产品或服务,企业的价值才能实现。因此,创业企业必须深入理解顾客尚未满足的需求及潜在需求,以便能够开发、生产出顾客需要的产品/服务。

(2) 产品/服务的质量必须满足顾客的期望。只有具有满足顾客需要的质量的产品或服务,才能激起顾客的购买欲望。否则,创业企业的产品或服务就无法到达顾客的手中,或者顾客不愿意以企业期望的价格支付其购买的产品/服务。如此,创业者将无法在市场上实现其创业的经济价值。

(3) 产品/服务的成本必须能够被顾客愿意支付的购买价格覆盖。创业的最基本目的是创造经济利润。创业企业提供的产品/服务的成本应当低于顾客愿意支付的购买价格。如果产品/服务的成本无法被顾客购买产品/服务时愿意支付的价格覆盖,创业者将无法实现创造经济价值的目标。

尽管管理、营销、融资与其他类似的事情同样重要,但是创业企业如果缺乏能够提供满足顾客需要的产品/服务的能力,其他的职能也就失去了意义。

3. 坚韧不拔

成功创业者的第三个共同特征就是不怕失败、坚韧不拔。坚韧,对于创业企业非常重要。尤其是新创企业,至少有以下四方面的因素,要求创业者或核心团队不惧失败、坚韧不拔:

(1) 创业是以尝试新事物为特征,创业者可能不是拥有所有问题的答案,同时缺乏可借鉴的成功实践。因此,创业者的失败率自然会很高。

(2) 新商业创意的开发在获得成功之前,需要某种程度的试错,或不断验证创业者设想的业务方案。在这个过程中,创业者不可避免地会出现挫折或失败。

(3) 创业需要构建创业团队,与投资人打交道。无论是创业团队成员,还是投资人,基于其知识、能力、利益等因素,必定会对创业者的观点、方法、行为方式等提出质疑或反对意见,甚至强烈的负反馈,可能给创业者带来强烈的挫败感。

(4) 创业者并不掌握新创企业发展所需的全部资源。需要创业者及其创业团队努力整合资源来支持创业活动的开展,创业过程中尤其容易出现资金资源、人力资源无法满足创业活动的需要。

4. 执行能力

将纯粹的商业创意转变成可运行的企业的能力,是成功创业者的一项关键特征。通常,这种能力称为执行能力。许多创业案例中,执行能力是决定初创企业成功与否的重要因素。

有效实现商业创意的能力,意味着设计商业模式、组建创业团队、筹集资本、建立伙伴关系、管理财务、领导并激励员工等。也需要创业者具有将思想、创新和想象力转化为行为和可测量的结果的能力。正如亚马逊的创始人杰夫·贝索斯曾说:"创意很容易,执行很难。"

1.3 创业过程

关于创业过程,对于创业者而言,不仅仅是如何创建并经营管理一家新企业。首先要做出成为创业者的决定,而后提出创意并识别商业机会,设计商业模式,制定商业计划,创办并运营新创企业。

创业过程的每一个步骤都存在影响创业成功的关键因素。只有把握住创业过程的关键点,才能有效地推进整个创业过程。

1.3.1 创业机会识别

创业的根本目的在于满足顾客的需求。从创业的本质看,创业就是基于机会的经济活动。创业机会是创业的核心。创业机会识别是识别一种人们需要且想购买而非创业者想要制造和销售的产品或服务。

1. 创业机会的特征

好的创业机会具有四个基本特征:

一是市场潜力。创业企业所提供的产品与服务,对顾客的吸引力、市场需求规模足够大,具有销售较快增长的潜力。

二是可行性。创业企业提供的产品与服务,无论是商业上,还是技术上,都具有可行性,包括:产品/服务的可行性、产业/目标市场的可行性、财务可行性等。

三是时间窗口敞开。任何产品或服务进入市场的时间期限都是有限的。一旦新产品或服务市场建立起来,机会窗口打开;一旦市场成熟,机会窗口关闭。创业企业必须在机会窗口存在期间实施。

四是具有必要的资源与能力。创立业务需要有业务所需的基本的人、财、物、信息、时间等资源和技能,以及整合资源的能力。

2. 识别创业机会的途径

从根本上来说,创业是创业者识别机会并将其转化为成功的企业。创业机会是营造出对新产品、新服务或新业务需求的一组有利环境。

(1)创业机会的来源。如何寻找创业机会?有三种方式可供创业者采用:

一是找出来的。创业机会先于创业者的意识存在于客观环境中,需要独具慧眼的创业者去发现。就像哥白尼发现地球围绕太阳旋转,而不是过去人们所认识的太阳围绕地球转。

二是想出来的。创业机会并不都是客观存在的,创业机会可以通过创业者对社会环境、顾客和市场的迭代思考与理解构建出来,如双十一购物节。

三是找＋想出来的。创业者发现客观环境中存在需要解决的问题,构建出一个解决方案,如滴滴打车。或者是创业者利用客观存在的技术方案,想出来用它解决不相关的问题。

（2）识别创业机会的途径[1]。如何发现、构建创业机会？有三种途径可供创业者采用：

第一种途径是观察趋势并研究趋势如何为创业者创造机会。经济因素、社会因素、技术进步、政治活动及管制变革是要追寻的重要趋势。敏锐的观察技巧以及站在变化趋势前沿的意愿,是成为一个成功创业者的关键特质。

观察环境变化以识别新的商业机会时,第一要区分趋势与时尚,新创企业无法快速整合资源来利用时尚;第二尽管是分开讨论不同的趋势,但当头脑风暴商业创意时,应同时考虑各方面的趋势。

第二种途径是认识问题并找到解决办法。现实生活中存在许多问题或潜在的问题需要解决。对问题的认识可以通过观察趋势或者意外发现、直觉等方式。"每一个问题都是一个被精巧掩饰的机会。"

有些商业创意是通过识别与新兴趋势相联系的问题而获得的。对于某个特定的问题无法解决,可以寻找类似的案例,并将解决方案应用到自己的问题。

第三种途径是寻找市场缺口。市场中的产品缺口代表了潜在的可盈利的商业机会。

在市场中识别缺口的常见方法是,找到顾客需要而在市场上找不到的产品或服务。当一个商业创意填补与特定顾客产生共鸣的缺口时,会有强大的吸引力。另外,可以利用现有的产品或服务,通过定位于不同的目标市场,创造一个新品类,创造空缺并填补它。

3. 创业机会的评价

创业机会的评价就是评估商业创意是否具备上述这些好的创业机会应具备的基本特征,是否真的创业机会[2]。

（1）可行性分析。确定商业创意是否可行的过程。可行性分析的最佳实现途径就是与潜在顾客进行交流,这是精益创业的第一信条。一个可行的商业创意应当满足以下三方面可行性。

一是产品/服务的可行性分析。着重从两方面来分析：

首先,确认预期的产品/服务是人们渴求的且迎合了市场的需求。通过回答下列问题来确定产品/服务的市场吸引力:它有意义吗？合情合理吗？真实顾客会购买吗？是否利用宏观环境趋势、解决了问题或填补了市场缺口？现在是将产品/服务引入市场的正确时机吗？在产品或服务的基本设计或概念中,是否有致命的缺陷？

其次,确认预期的产品/服务是否存在需求。有三种常用的分析方法:与潜在顾客面对面交流;利用在线工具评估需求;案头资料分析,图书馆、互联网和调查研究。

二是产业/目标市场可行性分析。包括两方面的分析：

① 布鲁斯·巴林杰,杜安·爱尔兰. 创业管理:成功创建新企业[M]. 北京:机械工业出版社,2017.
② 布鲁斯·巴林杰,杜安·爱尔兰. 创业管理:成功创建新企业[M]. 北京:机械工业出版社,2017.

产业吸引力。成长而不是衰退、极其分散而不是高度集中的产业处于其生命周期的早期阶段，相比于具有相反特征的产业对新进入企业具有更高的包容性。

目标市场吸引力。大多数创业企业并不拥有参与更大市场所需的资源。专注于更小的目标市场，可以避免与产业领导者的竞争。在识别有吸引力的目标市场时，就是找到一个恰当容量的市场，既足够大能容纳新企业的进入，又足够小可避免吸引更大的竞争对手。

三是财务可行性。需要考虑最重要的两个财务问题：

第一个问题是启动创业所需的现金总量，它是指创业企业准备做第一笔生意，或者产品/服务的开发投入至有投资人愿意投资的时点所需要的现金总量。需要准备一个实际的预算，包括资本支出以及企业创立和运行所需的全部运营费用。需要解释这笔资金是创始人投入，还是来自家人或朋友。

第二个问题是创业企业的总体财务吸引力评估。就是估计新创企业的预计销售收入与利润率。需要考虑的关键因素包括：投入资本的数量；在一个明确界定的细分市场，未来 3～5 年的销售收入是否会呈现稳定快速增长；产生的经营现金可否为企业的发展提供资金并维持成长等。

（2）市场潜力分析。市场潜力分析主要分析新创企业对顾客的吸引力、需求规模、销售的增长潜力等。分析方法包括：

一是产业趋势分析。一个产业的优势并不主要由产业内领先企业的管理技能决定，而是由环境趋势与所销售的产品或服务是否一致所决定。经济趋势、社会趋势、技术趋势、政策法律趋势及商业创新趋势是创业者需要研究的最重要的环境趋势。

二是产业结构分析。产业是否盈利并非产品及嵌入产品的技术水平高低的结果，而是取决于产业结构。产业结构分析有助于创业者决定是否应该进入该特定产业，能否在该产业中谋求有吸引力的定位。

产业结构分析的基本方法是：回答以下问题，评估新创企业在特定产业获得成功所必须满足的门槛要求。

问题一：该产业是否是新创企业值得进入的福地？通过考察产业的整体吸引力及分析创业机会的时间窗口是否打开，即可得到答案。是，继续问题；否，需要重新考虑创业机会。

问题二：如果决定进入某个产业，那么在避开或消除侵蚀产业盈利水平的力量方面，是否能比产业整体水平做得更好？

问题三：产业内是否存在独特的定位空间，使新创企业能够有效避开或消除侵蚀产业盈利水平的力量？

问题四：是否存在适用的优秀商业模式，而且这种商业模式难以被产业内现有及新进入企业模仿？

如果问题二、三、四的答案是"是"，能够提高新创企业成功的可能性；如果答案是"否"，需要重新考虑新创企业。

（3）资源能力分析，即判断拟创企业是否具有足够的管理能力、资源的丰富程度。

一是管理能力分析。拟创企业应该充分评估其创始团队的才能和能力，不管这个团队是只有一个创始人还是一个具有规模的团队。

创始团队的能力评估需要关注的重要因素包括：创始团队对商业创意所抱有的激情。创始团队对将要进入的市场的了解程度。创始团队广泛的职业和社会网络，原有的同事和朋友的帮助有利于填补创业团队在经验或知识上的缺口。

二是资源的丰富程度分析，即确定是否拥有充足的资源来成功地推出产品或服务。目的是识别最重要的资源及其可获得性。资源丰富程度分析的两个关键问题：创业企业所需人力资源的可获得性；公司的关键领域获得知识产权保护的能力。

评估资源丰富程度的方法：列出一张包含6～12项有助于推进商业机会开发成产品/服务的关键非财务资源清单，评估新创企业获得这些资源的可行性。如果核心领域的关键资源难以获得，那么继续推进商业机会就是不切实际的。

进行商业机会评价是设计商业模式之前明辨一个商业机会的价值的关键步骤。很多创业者常犯的错误就是，识别商业机会后不进行评价直接跳到制定商业模式阶段。

1.3.2 商业模式设计

商业模式是企业为利益相关者创造、传递和获取价值的基本原理。新创企业的商业模式不应该由创始团队单独完成，创始团队应该"走出办公楼"并与潜在顾客交流，这是开发有效商业模式的重要前提。

商业模式就像一幅战略蓝图，可以通过组织架构、组织流程及组织系统来实施。新创企业商业模式的设计，可以用涵盖了一个企业的客户、产品或服务、基础设施及财务能力四个主要部分的九大模块来构建[①]。

1. 客户部分设计

新创企业的客户部分包括客户细分、渠道通路、客户关系三大模块。

客户细分模块描述了新创企业想要获得的和期望服务不同的目标人群和机构。客户是商业模式的核心。新创企业应该根据客户的需求、行为及特征的差异，将客户分成不同的群组。然后谨慎地选择服务哪一群组客户，忽略哪一群组客户。根据选择服务的客户群组个性化需求的深度理解设计商业模式。

渠道通路模块描述了企业如何与其客户群体达成沟通并建立联系，以向客户传递企业的价值主张。渠道通路的作用：使客户更加了解公司的产品与服务，使客户得以购买某项产品或服务，向客户传递价值主张，向客户提供售后支持。

客户关系模块描述了新创企业针对某一客户群体所建立的客户关系类型。新创企业需要

---

① 亚历山大·奥斯特瓦特，伊夫·皮尼厄. 商业模式新生代[M]. 北京：机械工业出版社，2017.

明确,对每一客户群体打算建立哪种关系类型。客户关系的主要驱动因素包括:开发新客户、留住原有客户、增加销售量或提高价格。由商业模式决定的客户关系将对整体的客户体验产生深刻的影响。

2. 产品或服务部分设计

新创企业的产品或服务部分包括价值主张、关键业务两大模块。

价值主张模块描述了为某一客户群体提供能够为其创造价值的产品或服务。价值主张是客户选择一家公司而放弃另一家公司的原因,它解决了客户的问题或满足了客户的需求;也是公司为客户提供的产品或(和)服务或组合,该组合迎合了某一客户群体的需求。价值主张可以是革命性的创新产品或服务,也可以是改良性的产品或服务。

关键业务模块是企业为创造和提供价值主张、获得市场、维系客户关系及获得收入所必需的。关键业务因商业模式不同而不同。主要有:产品设计、制造与分销;为客户提供新的解决方案;通过构建、发展、运营、维护和管理平台,为客户提供服务或解决方案。

3. 基础设施部分设计

新创企业的基础设施部分包括核心资源、重要合作两大模块。

核心资源模块描述了保证新创企业商业模式顺利运行所需的最重要的资源,包括:实物资源如机器、设备、厂房等;知识性资源如品牌、专利权、专营权、合作关系及客户数据库等;人力资源;财务资源如现金、信用额度等。核心资源可以是自有的,也可以通过租赁获得,或者从合作伙伴处获得。

重要合作模块描述了保证新创企业商业模式顺利运行所需的供应商与合作伙伴网络。重要合作在许多的商业模式中逐步承担起基石的作用。重要合作可分为非竞争者之间的战略联盟、竞争者之间的战略合作、为新业务建立的合资公司、为保证可靠的供应而建立的采购供应关系等四种类型。

4. 财务能力部分设计

新创企业的财务能力部分包括成本结构、收入来源两大模块。

成本结构模块描述了企业运营所发生的全部成本总和及其构成。创造和传递价值、维护客户关系,以及创造收益都会发生成本。成本导向的商业模式聚焦于最大限度地使成本最小化;而价值导向的商业模式更多地关注价值创造而较少关注成本。

收入来源模块描述了新创企业从每一个客户群体获得的现金收入。设计商业模式时,需要清楚每一个客户群为什么愿意为企业的产品或服务买单。商业模式的收入来源有两种类型:一是由客户一次性支付产生的交易收入;二是因向客户传递了新的价值主张或提供了售后支持而带来的客户持续支付。

1.3.3　创业团队的组建

新创企业需要依靠创业团队来构建动态竞争能力与获取竞争优势。组建一个优秀的创业团队必须具备两大基石:优秀团队的心智结构,优秀团队的治理结构。①

1. 创业团队及其构成要素

创业团队是指创业企业的创始团队,即拥有共同目标、共担创业风险和共享创业受益的一群联合创建新事业的人。创业团队是创业企业高层管理团队的基础与最初形态。

创业团队的构成要素包括:创始人、管理团队、核心员工、外部投资人、专家顾问等。

2. 团队的心智结构

优秀的团队心智结构通常具备以下四个特质:

(1) 成员志同道合。创业合伙人之间必须彼此志向志趣相同,理念信念契合,具有合作精神。坚持不懈地为共同的创业愿景和目标的实现而共同努力。创业合伙人必须确保为企业构建的价值观与个人价值观相一致。创业合伙人承诺并履行全身心投入创业全过程。

(2) 能力卓越互补。优秀的创业团队,每个合伙人都必须具有卓越的能力,但各合伙人的能力、经验与关键资源必须是异质性的并具有互补性。只有各合伙人的能力卓越且异质互补,才能构成团队强大的创造力、创新性和领导力,才能促进整个团队的持续成功。

(3) 行为风格匹配。行为风格是指各创业合伙人如何思考、沟通、决策,如何利用时间,如何控制情绪应对紧张,如何判断他人,如何影响他人,如何处理冲突等行为方式。优秀的创业团队,需要不同行为风格的合伙人,并且他们之间不同的行为风格相互匹配。

(4) 相互信任尊重。创业合伙人之间建立和谐的团队氛围,是创业成功的重要条件。创业合伙人需要良好的自身修养,懂得相互尊重、相互理解、相互信任,方能聚集各种资源来支持创业走向成功。创业是一次艰苦的旅行,需要有人风雨同舟、相伴而行,方能欣赏到一路风景,方可到达设定的创业愿景和目标的彼岸。

3. 团队的治理结构

团队的治理结构是指创业团队各成员的职责权限的分配,以及利益机制特别是股权结构设计,而不是公司治理结构的设立与运行机制。优秀的团队治理结构必须具备以下两个基本特质:

(1) 职责权利对等。任何一个组织,需要在平等的基础上有职责与权限的差异化配置。需要有人做出最后决定,承担最后责任。

无论是在创业初期还是建立正式组织结构之后,为有效保障创业团队分工与协作关系的落实,创业合伙人都必须有明确的职务、责任、权限的划分。在创业初期可以采用合伙人责任清单与权力清单的方式来明确各合伙人的责权;建立正式组织结构后,有详细的职务说明书确定各合伙人的职务、责任与权限。同时,根据责任和任务的工作量大小、难易程度等设定合理的报酬机制与绩效评价机制。

(2) 股权设计适宜。建立优秀的创业团队治理结构,需要设计适宜的创业合伙人的股权

---

① 斯晓夫,吴晓波,陈凌,等. 创业管理:理论与实践[M]. 杭州:浙江大学出版社,2016.

进入、分配和退出机制。为避免在创业企业发展过程中可能产生的冲突,设计创业合伙人股权进入、分配和退出机制时,应遵循以下基本原则:

一是公平开心原则。在讨论和制订创业合伙人股权进入、分配和退出机制的过程中,需要最大限度地让合伙人感到公平合理、心情舒畅,结果让人开心,以利于每个合伙人全身心投入为实现创业愿景和目标的努力中。

二是实际控制人原则。创业合伙人的股权分配不能搞平均主义,必须最大责任者、最佳决策者、最可信任者成为最大股东和实际控制人。否则,容易导致重大决策谁也说了不算的僵局。

三是慎重进入原则。不是创业团队的所有构成要素都能成为创始合伙人。天使投资人、短期资源承诺者、早期普通员工及兼职人员等是否成为合伙人,尤其要慎之又慎。

四是股权延期支付原则。绑定每个合伙人的股权总份额,根据合伙人在创业企业工作的年数或月数分期兑现股权。任何合伙人必须在创业企业工作至少一年才可以持有股权。股权延期支付计划一般按 4～5 年期执行。

五是动态调整原则。制订股权进入、分配和退出方案时,必须在方案中写入股权份额动态调整条款,明确规定股权动态调整的原则、条件、触发机制、操作流程等。

同时,制订股权进入、分配和退出方案时,必须预留合理的股份期权池,以便给后续的股权调整留出空间。

1.3.4　商业计划书的撰写

创业机会识别是商业模式的起点,商业计划书是商业模式设计的继续。商业计划书是商业模式的书面呈现方式。

1. 撰写商业计划书的目的

撰写商业计划书的目的之一是,驱使创始人或创始团队系统地思考新创企业的各个方面,帮助创始团队更加理性、更加客观地推演商业模式的可能性,从而提高创业成功的可能性。

同时,表述清晰的书面商业计划书,对于创业团队及早期员工来说十分重要。一份明确阐明愿景和未来 3～5 年的详细规划的商业计划,有助于新创企业员工协调工作,并通过一致的行动向明确的共同目标迈进。

撰写商业计划书的目的之二是,作为新创企业的自我推销文件,帮助创业者获得外部资源。商业计划书为新创企业提供了向潜在的投资者、供应商、商业伙伴和关键职位应聘者等展示新创企业的机制。尤其是需要外部资金支持的新创企业,撰写一份语言精练、内容翔实、切合实际、可行性强的商业计划书极为重要。过分乐观的陈述或预测会破坏商业计划书的可信度。

外部投资者需要通过商业计划书来了解新创企业,并作为是否投资的重要依据之一。投资人对新创企业的第一印象,往往来源于新创企业商业计划书所传递的信息。在对新创企业产生兴趣之前,投资人不太可能抽出时间"倾听"创始人的创意。同时,有意愿的投资人,需要有深刻了解新创企业的文字资料,寻求新创企业的商业逻辑。

2. 商业计划书的构成要素

商业计划书作为向利益相关者尤其是投资人展示新创企业的机制,是投资人等利益相关者评价新创企业的依据。一般而言,必须具备以下要素:

一是创业者/管理团队。内容包括:创业者及其团队成员的背景、经历、业务记录,他们的个人品质,团队的技能、职能范围等。

二是新创企业的战略。新创企业的战略目标及其实施措施,内容包括:营销与销售计划、产品/服务设计与开发计划、生产运营计划、财务计划及时间安排。

三是产品或服务。内容包括:产品或服务的属性,即概念设定、独特性、辨识度;产品或服务的质量、规格、性能、功能等。

四是市场分析。内容包括:市场潜力及其成长性、已经显示出来的市场需求、竞争特征/水平,以及市场进入门槛。

五是财务事项。内容包括:企业的财务结构,即成本与定价、收入来源、财务预测;新创企业的股权结构、资产价值;可能回报、可行的退出策略。

六是商业计划书的结构逻辑,以及整体内容的完善程度、是否切合实际。

1.3.5 新企业的创建与经营

创业过程具有不确定性和模糊性。创业者不仅需要提升技术才能与管理才能,还需要培养法律风险管理意识与技能。

1. 创业相关法律问题

创业之初就应该依法合规,以国家法律、法规及规章政策为经营准则,规范创始人或创始团队及新创企业的行为。一般而言,新创企业面临如下关键法律问题:

第一个关键法律问题是创始人协议签署。如果是两个或多个联合创始人一起创办新企业,那么,签署一份创始人协议是非常重要的。创始人协议是处理创始人之间相对的权益分割、各创始人如何因投入企业的"血汗权益"或现金而获得补偿、创始人想要兑现其股权的限制条件等的书面文件。

第二个关键法律问题是企业组织形式选择。依据中国法律,企业组织形式有:公司(包括有限责任公司和股份有限公司)、合伙企业(包括普通合伙与有限合伙)、个人独资企业三种法律形式。创业者需要了解不同法律形式的企业的特点,以及可能存在的法律风险。然后,根据新创企业的核心业务特点、企业税收规范、利润分配及责任承担等要素,选择合适的组织形式。

第三个关键法律问题是劳动合同管理的法律事项。企业一旦创立,就需要招募员工,就必须签订劳动合同。劳动合同涉及的关键法律问题包括:工作内容、合同期限、劳动保护、社会保险、竞业禁止与商业秘密保护、劳动合同的解除与变更、违约责任、劳动争议解决机制等。

第四个关键法律问题是经营合同管理的法律事项。新创企业经营活动中可能涉及的合同类型主要有买卖合同、技术合同、租赁合同。合同管理中涉及的关键法律问题包括：合同的主体资格是否合法，合同标的的权属是否明确，合同标的的质量、性能要求，合同标的的交付验收条件，合同标的交付的期限，价款的支付方式与期限，违约责任与争议处理机制等。

2. 创业知识产权管理

知识产权是一种基于创新成果的法定权利，是新创企业获得竞争优势的最有价值的资产；同时需要规避对他人知识产权的无意冒犯。因此，知识产权管理对新创企业获得成功具有重大影响。

(1) 知识产权及其类型。对于新创企业来说，某项特定的知识财产是否应该作为知识产权进行保护，有两个基本的经验法则。首先，新创企业需要确认某项知识财产是否与其竞争优势直接相关。如果开发的产品、商业方案等知识财产与企业竞争优势不直接相关，则知识产权保护可能并非必要。第二，新创企业需确定某项知识财产在市场上的价值。新创企业常犯的错误是发明了一种产品，花费了一笔不菲的资金寻求专利保护，结果最终发现该产品在市场上没有需求，或者市场规模太小不值得开发。

专利、商标、著作权和商业秘密是企业知识产权的四种主要类型。此外，网络域名也是知识产权的一种重要类型。

(2) 专利权的保护与运营。新创企业有效地运用专利策略将直接关联到竞争力的获取与可持续发展。专利保护与运营策略由以下四方面构成：

一是明确新创企业申请专利保护的目的。申请专利保护的目的可能有：防止他人模仿；向投资人、潜在合作者及客户传递信号，获得竞争优势；阻止他人获得专利权；通过转让、许可使用等获得收益；阻止竞争对手产品和技术的商业化。

二是专利申请时机选择。重点是关注三点："专利先申请原则"，即谁先申请谁获得专利授权；注意研发过程中阶段性成果的保密，以免被公开而丧失新颖性；防止过早申请而暴露研发战略与技术秘密。

三是专利保护形式的选择。我国专利分为发明、实用新型和外观设计三种。申请专利时，应根据发明的特点，结合三种专利保护形式的特点，选择专利种类。可以采取组合方式，同时申请两种及以上的保护形式。

四是专利权的运营策略。拥有专利权的新创企业应该充分运用专利权资产，整合各种资源，增加企业的收益来源，提升竞争力。一般而言，可以通过专利许可、专利转让、专利出资、战略联盟、业务整合及赠与等专利运营策略，促进新创企业的成长。

(3) 商标与品牌策略。在泛在信息时代，新创企业的商标与品牌不仅包括商号、商标，还包括域名。

一是商号的设计。商号即新创企业的名称，是市场上不同企业之间相互区别、便于识别的标志。企业享有商号权即名称的专用权，是商誉的重要载体。

二是商标设计与注册。商标有利于培养富有个性的产品形象和企业形象。商标注册是获得商标专用权并得到法律保护的前提。新创企业对其使用或准备使用的商标应及时申请注册。申请注册的商标,应具有显著性特征,便于识别,不得与他人在先取得的合法权益相冲突。

三是域名的设计与注册。信息社会时代,域名已成为重要的无形资产。新创企业应及时将企业的商号、商标等在网络空间申请域名注册,以有效地防止他人采取抢先注册域名,使新创企业的商号、商标在网络空间的影响力淡化、造成损失。

(4)著作权申请与保护。著作权又称版权,是赋予作品所有者决定如何使用作品,以及如何从作品中获得经济利益的法律权利。对于新创企业来说,著作权保护的重点对象包括:计算机软件;工程设计图、产品设计图、示意图等图形作品和模型作品。

新创企业需要注意的是,对软件著作权的保护不延及开发软件所用的思想、处理过程、操作方法或者数学概念等。

(5)商业秘密保护。商业秘密是指不为公众所知悉、具有商业价值并经权利人采取相应保密措施的技术信息和经营信息。新创企业商业秘密保护策略包括:

首先,针对保密信息进行分类、确定保密等级,并在此基础上有针对性地制订保密制度、方案和措施。没有采取保密措施的商业秘密受到侵害时不受法律保护。

其次,针对下列情形,需要谨慎对待,以防商业秘密泄露:一是企业内部信息传递过程;二是掌握商业秘密员工的流动;三是公开论文、报告或信息的发表;四是来访、参观、展销会或技术交流会等。

最后,员工的竞业禁止措施。针对员工在新创企业内职务岗位的不同,采取相应的竞业禁止措施。竞业禁止一般适用对象:高级管理人员、研发人员、技术人员;市场营销人员、财务会计人员、可接触到公司重要信息的文秘人员等。基本做法:一是在劳动合同中规定竞业禁止条款;二是与竞业禁止适用对象签订独立的竞业禁止协议。

新创企业既要注重商业秘密的法律保护,构建新创企业的持续竞争力,也要注意规避因商业信息获取不当带来的法律风险。

3. 创业企业成长战略

创业企业成长战略包括两方面:内部成长战略和外部成长战略。在创业初期,重点是做好内部成长战略及其实施绩效。

内部成长战略的重点内容是产品/服务的开发、市场拓展与营销策略、人力资源规划,以及人力资源的合理配置、资金预算与计划。

外部成长战略是指新创企业发展到一定阶段并具有一定的实力后的快速成长战略。外部成长战略措施主要有:合并、收购、战略联盟、合资企业等。

4. 创业融资

对于新创企业来说,资金是所有资源中最关键的。没有资金企业将无法生存下去。

(1)为何多数创业企业需要融资。多数新创企业在生命周期的早期阶段都需要筹集资本,有以下三个基本原因:现金流挑战、资本投资、漫长的新产品开发周期。

一是现金流挑战。当新创企业成长的时候,需要现金总量不断增加以服务顾客。通常,在不断增长的顾客基础上产生更多收入之前,企业必须购置设备、招募并培训新员工。

二是资本投资。新创企业早期经常需要筹集资金,以便为资本投资提供资金。创始人可能为企业的初始行动提供资金,但当企业开始购买资产、建造建筑物、购置设备或投资于其他资本项目时,创业者依靠自己为此提供资金就变得越来越困难。

三是漫长的产品开发周期。新创企业需要筹集资金用于支付漫长的产品开发周期的前期成本。许多技术驱动型新创企业在预期实现盈利之前,会产生较大的前期投资。

(2)创业融资的资金来源。创业融资的资金来源包括个人融资和机构融资。新创企业刚开始时所需的种子资金往往来自于创始人。个人融资的来源包括:个人资金,即新创企业创始人的个人资金以及创始人投入新创企业的时间、精力形成的血汗股权;朋友或家庭的支持。

机构融资主要有两种形式:权益融资和债务融资。权益融资需要创业者放弃部分所有者权益,但可以得到实收资本;权益融资来源主要有:天使投资、创业投资又称风险投资。新创企业不可能发行公司债券,事实上获得银行贷款也非常难。新创企业债务融资的主要方式是获得投资机构的可转换债券投资、优先股投资等。

1.4　创业与企业家精神

1.4.1　企业家的含义

创新经济学家熊彼特首先明确提出企业家的概念。他认为,企业家是指有效运用资本和技术等生产要素从事创新活动,即在经济体系中引进"新组合"的人。企业家的工作是"创造性的破坏",只有当他实际上实现"新组合"时才是一个企业家。企业家是创新及经济发展的主要组织者和推动者。

企业家需要具备的条件:一是战略眼光,能看到并抓住机遇,挖掘市场中存在的潜在利润。二是胆识,敢于冒险,抓住要素重组的机会。三是组织能力,善于动员和组织社会资源进行并实现生产要素新组合。四是说服能力,善于说服人们相信执行其计划的可能性;注重取得信任,整合资源实现生产方式新组合。[1]

德鲁克认为,企业家将经济资源从生产力和产出较低的领域转移到较高的领域。企业家往往是指创建新企业的人,但并不是所有新的企业都是企业家的,或代表企业家精神。也不是创办新企业才能成为企业家,事实上许多成熟的企业也正在实践企业家精神。

因此,企业家是指那些富有创新精神,担当社会责任,具有敏锐眼光和胆识,能够整合社会

---

[1]　约瑟夫·熊彼特. 经济发展理论. 北京:商务印书馆,2000.

资源,并组织和推动创新而创造经济社会价值的人。

1.4.2 企业家精神的内涵

1. 经济学家眼中的企业家精神

熊彼特认为,企业家从事"创新性的破坏"工作的动机,固然是以挖掘潜在利润为直接目的,但最突出的动机源于"个人实现"的心理。因此,企业家精神的内涵包括以下内容:

一是对自我实现的追求。企业家经常"存在有一种梦想和意志,要去寻找一个私人王国,常常也是一个王朝"。

二是对成功的欲望。企业家存在有征服的意志,战斗的冲动,证明自己比别人优越的动力。企业家求得成功不仅是为了成功的果实,往往是为了成功本身。利润和金钱是次要的考虑,而是作为成功的指标和胜利的象征才受到重视。

三是对创造的乐趣。企业家存在创造的乐趣,把事情做成功的乐趣,或者只是施展个人能力和智谋的乐趣。企业家类型的人寻找困难,为改革而改革,以冒险为乐事。

四是具有坚强的意志。企业家"在自己熟悉的循环流转中是顺着潮流游泳,如果他想要改变这种循环流转的渠道,他就是逆潮流游泳。从前的助力现在变成了阻力,过去熟悉的数据,现在变成了未知数"。"需要有新的和另一种意志上的努力,……去为设想和拟订出新的组合而搏斗,并设法使自己把它看作一种真正的可能性,而不只是一场白日梦"。

我国知名经济学家汪丁丁认为,企业家精神包含了三个方面的因素:首先是熊彼特所说的"创新精神";其次是韦伯所说的"敬业精神";最后是诺斯从新制度经济学里提出的"合作精神"。创新精神、敬业精神、合作精神三者就构成了血肉丰满的"企业家精神"。

2. 我国倡导的企业家精神

中共中央、国务院在《关于营造企业家健康成长环境弘扬优秀企业家精神更好发挥企业家作用的意见》中,明确提出了应当大力弘扬的优秀企业家精神的内涵。

(1)爱国敬业的精神。树立崇高理想信念,践行社会主义核心价值观。富有国家使命感和民族自豪感,把个人理想融入民族复兴的伟大实践。

(2)遵纪守法的精神。自觉遵纪守法,依法合规经营,依法治企、依法维权。强化诚信意识,主动抵制逃税漏税、污染环境、侵犯知识产权等违法行为,不做偷工减料、缺斤短两、以次充好等亏心事,做遵纪守法的社会表率。

(3)艰苦奋斗的精神。保持艰苦奋斗精神风貌。自强不息、勤俭节约,保持健康向上的生活情趣。坚定信心、奋发图强。居安思危、不忘初心、谦虚谨慎。树立不进则退、慢进亦退的竞争意识。

(4)创新发展的精神。发挥创新活力和创造潜能,拓展创新空间,持续推进产品创新、技术创新、商业模式创新、管理创新、制度创新,将创新创业作为终身追求。

(5)专注品质的精神。弘扬工匠精神,树立"以质取胜"的战略意识。专注专长领域,加强企业质量管理。立志于"百年老店"持久经营与传承,把产品和服务做精做细,以工匠精神保证质量、效用和信誉。

（6）追求卓越的精神。敢闯敢试、敢为天下先、敢于承担风险。不断开拓进取、拼搏奋进,争创一流企业、一流管理、一流产品、一流服务和一流企业文化;提供人无我有、人有我优、人优我特、人特我新的具有竞争力的产品和服务。

（7）履行责任的精神。树立履行社会责任的荣誉感和使命感,积极参与精准扶贫行动、应急救灾等,支持国防建设。构建和谐劳动关系、关爱员工、促进就业,依法纳税、节约资源、保护生态。

（8）敢于担当的精神。致富思源,先富带动后富,创造更多经济效益和社会效益。把握引领经济发展新常态,在振兴和发展实体经济等方面做更大贡献。

（9）服务社会的精神。积极投身"一带一路"建设,积极参与引进来和走出去战略,积极参与军民融合发展,积极参与中西部和东北地区投资兴业,为国家经济发展拓展新空间。

1.4.3　创业者的企业家精神培养

1. 创业者企业家精神培养是创业导师的基本任务

从前述企业家精神的内涵及创新创业含义的分析,可以看出,企业家精神既是创业者成功创业应当具备的重要素质,也是社会主义核心价值观在创新创业领域的践行。因此,创业者的企业家精神培养,既是我国社会主义核心价值观在经济领域的培育和践行,也是创业者走向创新创业成功的必要条件。

创业导师是为创业者成功创业提供方法指导、具体创业行为辅导的,在经济、企业经营管理领域具有较丰富经验和较高理论修养的人。创业导师的基本职能:一是在创业者的创业方向与商业机会识别方面提供指导和帮助;二是对创业者在创业过程中的具体行为提供辅导和支持;三是向创业者传授企业经营管理经验和知识。

创业导师通常辅导的创业者主要有三类:一是在校学生创业的教育与辅导;二是社会创业者创办新企业的辅导;三是中小成长性企业的成长培育。目前,关于在校学生创业教育的核心是企业家精神培养已经基本成为共识。而其他两类创业者创业是否成功,创业者是否具有企业家精神是非常重要的因素。

因此,培育创业者的企业家精神是创业导师的使命和重要任务。

2. 企业家精神培育首先是践行公民道德基本规范

社会主义核心价值观的基本内容包括:富强、民主、文明、和谐是国家层面的价值目标,自由、平等、公正、法治是社会层面的价值取向,爱国、敬业、诚信、友善是公民个人层面的价值准则。

创业者首先是公民。因此,创业者在创新创业的过程中,应当践行爱国、敬业、诚信、友善的公民基本道德规范。

这是公民基本道德规范,是从个人行为层面对社会主义核心价值观基本理念的凝练。它覆盖社会道德生活的各个领域,是公民必须恪守的基本道德准则,也是评价公民道德行为选择的基本价值标准。

爱国既是创业者的基本价值标准,也是创业者创新创业成功应当具备的基本素质。创业者在创新创业的全过程中,应当以全面建成小康社会、全面建设社会主义现代化国家为己任。一切行为都应当有利于促进民族团结、维护祖国统一。

敬业是对公民职业行为准则的价值评价,也是对创新创业者的基本要求。创新创业是一项高度不确定性的活动。如果创业者不能做到敬业,所谓创业,就会成为一句笑话。

诚信即诚实守信,是人类社会千百年传承下来的道德传统,也是社会主义道德建设的重点内容。对于创业者来说,必须在创新创业过程中,提供真实的产品与服务;保证产品与服务的质量,不以次充好;依法纳税;保护新创企业员工的合法权益。

友善是强调公民之间应互相尊重、互相关心、互相帮助,和睦友好,努力形成社会主义的新型人际关系。从前面创业团队构建的论述中可以看出,友善是优秀创业团队的基本特质。

3. 创业者企业家精神的内心修为

中华民族有着悠久的优秀文化传统,为创新创业者的企业家精神的培育提供了文化基础。传统文化让每个人在道德修养方面强化内心修为、涤除心灵杂念。无论哪一社会阶层、群体,"一是皆以修身为本"。创业者在遵循公民基本道德规范的基础上,成功的创新创业行为,自然实现了企业家精神内涵的国家富强、民主、文明、和谐;社会自由、平等、公正、法治的追求。

创业者企业家精神的内心修为培养,着重是以下四方面的修养:

一是树立正确的世界观、价值观、人生观。运用科学的方法去认识客观事物,理解客观规律。坚持诚实经营,在物质利益上,追求"共同富裕"。人生的目标是在满足自身生存、安全要求基础上,追求为社会发展、人类进步做贡献的自我实现。

二是坚持不懈地学习新知识,掌握新技术、新方法。这是创业者的基本素养。创业者的本质是将新的发明商业化。因此,创业者需要不断跟踪新知识、新观点、新技术、新方法的发展状况。只有这样,才能保证创业企业始终保持相应的竞争优势。

三是知行合一,致良知。创业者的不懈学习,具备了明辨是非、优劣的知识和能力,有正确的价值观、人生观。但是,需要在创业过程中去实践,把掌握的新知识、新技术转化为社会经济发展的创业行为。

四是端正心思,不存邪念。所谓"心正而后身修"。要培养创业者的企业家精神,不仅需要创业导师的引导、辅导,更需要创业者自身的心思端正。"莫见乎隐,莫显乎微,故君子慎其独也。"

第 2 章

创新创业导师概述

2.1 创新创业导师的缘起和基本特征

创新创业导师,是为了应对变化越来越快速的商业现实和发展趋势,而新兴的一种商业角色,主要职责是帮助创业企业和创新者完成创业过程。

中国经济经历了自改革开放近 40 年的高速发展,商业从野蛮生长到了开始成熟发展的转折点。在多重力量的驱动下,创新创业导师应运而生,成为助力中国企业,尤其是创业企业创新和持续发展的关键力量。

在美国的创业领域中,创业导师的作用非常突出。对比而言,美国文化崇尚个性、独立和个人奋斗,其商业教育中的创业教育和辅导已经相当普及。而中国的创业教育和辅导尚处于初起阶段,特别是在全球化、信息化的当今社会,中国的创业企业和创新者,更加需要创业能力和创新意识的提升。党的十九大提出了创新战略,将创新提升到国家发展战略层面。因此,在本书中,在创业导师的名称前面加上"创新"二字,意在强化"创新"在创业中的地位和认知。

2.1.1 促生创新创业导师的社会需求

创新创业导师,在中国属于新鲜事物,把自己的实践经验和创新思维面对陌生人分享出来、并且帮助创业者取得成功,在 10 年前几乎是不可想象的情境。但是随着社会经济的发展,特别是互联网的发展,如今创新创业导师的作用和价值,已经被创业领域所认可,并且将进一步发展,成为创业领域中重要的组成部分和环节。中国商业发展的内在需求,使得创新创业导师的发展,成为必然的趋势。

第一,创业潮流的兴起!

国家"大众创业、万众创新"的号召及十九大"创新战略"的提出,唤醒了许多人创新、创业的梦想,同时政府和社会各界也为创新创业提供了越来越便利的条件和土壤。

第二,商业竞争的需要!

商业社会的演进使得商业竞争日益加剧;同时各种新技术使得创业企业和创新者需要具备的能力越来越高。创业的难度越来越高,对创新创业导师的需求也愈加强烈。

第三,创新的需要!

在中国,互联网时代以前的创业相对容易,且时间窗口相对宽松,可以模仿以往的成功企业。但随着互联网使得信息快速的传播,单纯依靠模仿的创业企业,已经难有发展壮大的可能。创业企业和创新者必须以创新为基础,才能在高度竞争的现实商业中立足,创新创业导师的作用自然更加重要。

从以上分析不难看出,由于创业和创新的难度不断提升,客观上需要有高水平的专业人士来帮助创业企业和创新者,完成创业阶段的任务,因此创新创业导师顺势而生。

2.1.2　创新创业导师的定位

本书将创新创业导师提供的帮助和辅导,统称为创新创业导师服务。下面先从对比分析出发,逐步梳理出创新创业导师和创新创业导师服务的定位。

1. 生意 vs 创业

人们经常将开个小餐馆、小卖部,称为是做个小生意。但这并不是本书中所说的创业。真正的创业,与企业的起点和规模大小无关,关键在于创业者内心中,是否具有事业心——企业家精神,以企业永续经营和追求卓越为目标,而不仅仅是通过一个生意养活自己和家人。

创新创业导师,就是帮助这些有事业心的创业企业和创新者,走上艰难的创业之路并走向成功。

2. 创新创业导师服务 vs 常规企业服务

在现代商业社会中,已有许多为企业提供的服务,如工商注册、财务代办、法律咨询和人事外包等。

创新创业导师提供的服务,并不是这些传统的企业服务,而是针对创业和创新的特种服务。即使创新创业导师提供了与传统企业服务相近的内容,但也是特色鲜明的、面向创新创业企业的定制服务,如创业企业股权设计、产品创新顾问服务、商业模式创新咨询、创业企业财务顾问(FA)服务等。

3. 创新创业导师服务 vs 就业辅导

创新创业导师提供的服务,也与传统的就业辅导大相径庭。创新创业导师提供的服务有面向大学生的创新创业辅导,也有面向社会大众的创新创业辅导。与传统的就业辅导根本的差异在于,无论是大学的就业辅导,还是社会机构提供的就业辅导,服务对象都是普通人群,帮助他们顺利进入职场或是做个小生意。而创新创业导师提供的服务则是帮助创业企业和创新者挑战商业领域中最有挑战的主题——创新创业。

4. 创新创业导师服务 vs 传统企业管理咨询

与创新创业导师服务内容最相近的,是企业管理咨询。但不同的是,企业管理咨询一般是面向大型和成熟企业,以企业战略为核心的咨询服务,且收费高昂。

而创新创业导师服务,面对的大多是刚刚成立的创业企业,甚至是还处在创意阶段的创业者,与传统企业管理咨询的服务对象差距巨大。

从以上分析不难看出,创新创业导师的作用、服务对象和内容,都与以往常见的企业服务、就业辅导和企业管理咨询,差异巨大。同时,也能看出创新创业导师的社会和商业价值,意义非凡。

2.1.3 创新创业导师的来源

对于创新创业导师这个新兴角色,以往并没有明确的概念和定位。随着商业社会对这项工作的需求日益旺盛,将促使这个角色更加为人瞩目,也更加成为创业和创新领域发展的重要支撑力量。

具体到每位创新创业导师,都有前序的职业经历和成为创新创业导师的个人商业目的。大体而言,创新创业导师主要来自三种不同的领域。

其一,是大学中的创业老师。

在美国,大约有 2 000 所大学和学院,其中 2/3 都开设了创业课程。在中国的大学中,有越来越多的创业课程,以及独立的创业学院。其中的讲授创业和创新的老师们,就是通常所说的创新创业导师。这些老师大多来自管理、经济、财务等商业相关院系,正在努力帮助有创业和创新梦想的学生们,实现他们的梦想。

其二,是天使投资人或风险投资从业者。

想要成为创新创业导师的难度是较高的,需要有实践经历及大量的经验积累。而近几年来,处于商业热潮中的天使投资人和风险投资从业者,无疑具有先发优势。

其三,企业管理的成功者或从事管理咨询转型而来。

在中国,对创业过程和创新思维最为熟悉的就是在企业中工作的高级管理者及企业管理咨询师。他们当中的一部分,正在转型或是兼任创新创业导师,为创业企业和创新者提供最有帮助的实际落地支持。

由上可知,创新创业导师虽然来自不同的渠道,但他们成为创新创业导师,也有着自己的商业或职业目的。创新创业导师有着积极的分享和服务精神,帮助创业企业和创新者,开启创业之路。他们提供的是高难度、高价值的服务。那么自然,创新创业导师也会期望自己的服务有所回报。

2.1.4 创新创业导师的发展过程

信息技术,其中特别是互联网技术的发展,成为中国商业领域中最具创新价值的部分。尤其是 2009 年前后开始的移动互联网浪潮,直接催生了创新创业导师的出现。许多有着互联网创业经验的企业家、高管和投资者,形成了对创新创业的认知和策略,能够将自己的经验反哺给新的创业者,进而带动了其他领域的、有创新创业经验的优秀人士,参与到创新创业辅导的大潮当中。

在从 2009 年开始的移动互联网创业浪潮中,创业孵化器、天使投资成为促进热潮的主要力量,而其中真正起到关键作用的,除了天使投资和风险投资的资本力量之外,就是新生的创新创业导师。

但在中国创业孵化器和天使投资的发展初期,专业水平和服务能力并不成熟。直接照搬美国模式,并不能帮助创业企业和创新者在中国现实的商业竞争中脱颖而出。这其中也包括,初期创新创业导师的体系和能力并不完善。

在经历了近10年成长之后,创新创业导师的规范化工作,随着十九大的创新战略的提出,成为商业社会的现实需求,这也是本书的成因。

1. 为创业和创新而生,由实践中来,走向专业化

创业企业和创新者,对创新创业导师的期待很高。他们需要在创业之路上,得到真实有用的帮助,因而要求真正优秀的创新创业导师,必须有拥有来源于实践工作的成熟经验。

在真正的创新创业导师出现之前,是各种时髦商业概念的提出者,他们往往有着不凡的履历和职业成就,但他们并不能真正帮助每个具体的创业企业和创新者。每个创业企业和创新者都是独特的,如果创新创业导师,不能针对性地给予帮助和指导,那就称不上是真正的创新创业导师。

高大上、玄虚的理论,飞上天的时髦商业概念,并不能真正帮助有事业心的创新者实现自己的梦想;也不能帮助天使投资人和风险投资机构,获得期待中的高额回报。因而,创新创业导师,并不是个轻松的社会角色。

2. 创新创业导师的标杆人物和企业

1) 李开复和创新工场

李开复先生于2009年创办创新工场,开创中国大陆创业孵化器和风险投资机构的先河。从2000年起,李开复陆续发表了七封《给中国学生的信》,其中分别谈到了做人要有诚信、如何从优秀到卓越、选择的智能、新世纪的人才观等,可以说是中国第一位创新创业导师。

2) 徐小平和真格基金

徐小平在参与新东方的创业并成功上市之后,于2011年创立真格基金,不断激励中国的年轻人,帮助他们努力实现自己的创业梦想。

3) 在行和分答

在行(见图2-1)和分答是果壳网推出的产品,是新兴的知识技能共享平台,其中有许多创业和创新领域的专家,实际提供创新创业导师的指导和帮助。

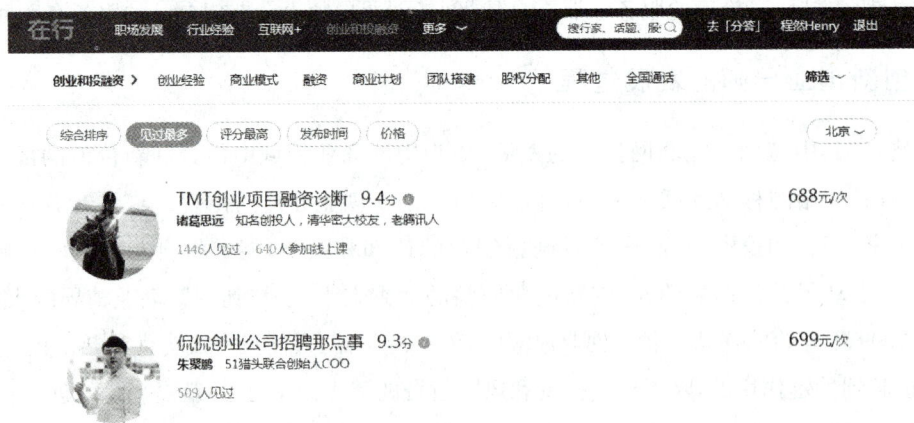

图2-1 在行网

2.2　创新创业导师的定义和分类

在第 2.1 节中,分析了创新创业导师的缘起和主要特征。本节将对创新创业导师做进一步的解析。

2.2.1　创新创业导师的定义

创新创业导师是以自己在创业和创新领域的实践经验和理论体系为基础,为创业企业和创新者,提供关于创业或创新领域的辅导和帮助,这些服务不同于普通企业服务、就业辅导和传统的企业管理咨询。

2.2.2　创新创业导师的商业维度分析

从广义上看,创新创业导师是在两大维度中帮助创业企业和创新者。

1. 商业领域:商业技术 vs 消费市场

下面将整个商业领域分为商业技术和消费市场两个细分领域,如图 2-2 所示。

```
            商业领域
         ┌─────┴─────┐
     商业技术领域      消费市场领域
```

图 2-2　细分商业领域

商业技术领域指的是利用科研成果,继续深度开发成消费市场可以使用的产品和服务,如英特尔(Intel)公司、思科(Cisco)公司和高通(Qualcomm)公司。美国麻省理工学院(MIT)提供的创业教育,就是以商业技术为基础核心进行创业教育的典型。

消费市场领域是指以新商业技术或新消费需求为基础,为消费者提供的产品和服务,如微软(Microsoft)公司、苹果(Apple)公司和特斯拉(Tesla)公司。美国哈佛大学商学院(Harvard Business School)就是以消费市场为基础核心提供的创业教育的典范。

美国的商业领域,商业技术与消费市场的发展比较均衡。对比中国的商业领域,由于基础科研能力和知识产品保护的不足,使得商业技术层面比较落后。

商业技术和消费市场,是不同的商业领域,各自特征和成功路径差异巨大。创新创业导师,往往在其中某个领域有经历和心得。因此,创新创业导师应在服务过程中,厘清自身的优势和辅导对象的具体领域。

2. 服务领域:创业辅导 vs 创新辅导

对于创业企业和创新者而言,既需要创业辅导,也需要创新辅导。整体而言,由于中国商业的发展还处于初始阶段,与欧美成熟的商业体系尚有差距,因而有些导师偏向创业辅导,有些导师偏向创新辅导。

创业辅导主要提供关于创业的认知体系和模式,创新辅导主要提供创新的方法论和实践引导,两者的关系如图 2-3 所示。

图 2-3　两者关系

1）创业辅导

创业辅导,总体上可以分为创业模式和创业意识两个方向。例如,精益创业、商业模式等属于创业模式的范畴;而创业心理、沟通技能等属于创业意识的范畴。

2）创新辅导

创新辅导,总体上可以分为技术创新辅导和商业创新辅导。

（1）技术创新辅导。技术创新类型的企业与商业创新类型的企业,在成功路径、发展模式、产品和服务形态、商业模式和品牌公关上,都有非常大的差异。尤其是在技术路线选择、商业合作层面和大众公关层面,都有特别之处。

（2）商业创新辅导。商业创新是个复杂且相互关联的体系,"智慧未来·商业创业研究院"将商业创新划分出不同的层级,以商业创新金字塔[①]的方式呈现,维度清晰有益于导师服务的提升,统合增益是导师的未来趋势,如图 2-4 所示。

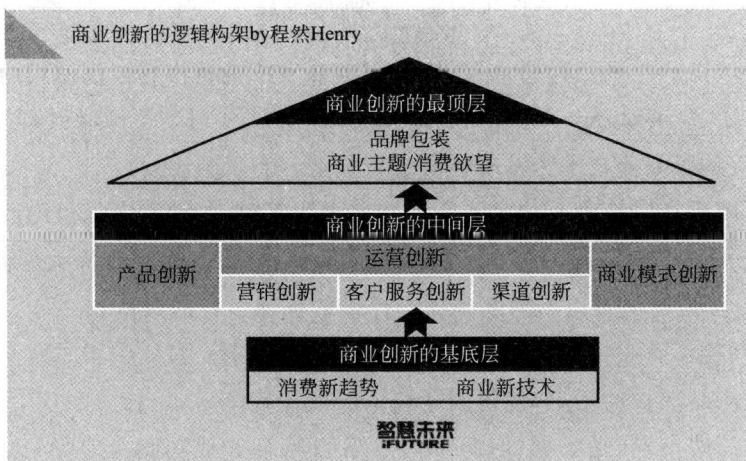

图 2-4　商业创新金字塔

在竞争日益加剧的中国商业社会中,对于创业企业和创新者而言,"创业"与"创新"两者不可偏废,只有兼具创业和创新能力,才能在未来有所成就。

---

　① 　商业创新金字塔:引自于《聚变式创新》,作者程然,机械工业出版社。

总体而言,中国商业发展的历程很短,虽然许多创新创业导师的经历丰富,但不可否认的是,真正具有实操经验的领域相对有限。

无论是商业技术和消费市场,还是创业辅导和创新辅导,内在有许多相通之处。但是,在创业教育的初起阶段,清晰的商业维度划分和厘清,有利于帮助创新创业导师在职责和能力上更加明晰自己的定位和优势。

2.2.3　创新创业导师的分类

创新创业导师的分类如下:

(1)从导师所在的社会领域上分类,创新创业导师可以分为大学创业导师和社会创业导师。

(2)从商业维度上分类,创新创业导师可以分为创业导师和创新导师。

(3)从导师服务的商业领域上分类,创新创业导师可以分为商业技术的创业导师和消费市场的创业导师。

(4)从辅导对象上分类,创新创业导师可以分为创业企业导师和创业者导师。

(5)从创业导师提供的服务深度上分类,创新创业导师可以分为指导导师和顾问导师。

2.2.4　创新创业导师的发展趋势和典型案例

从 2009 年开始,移动互联网的兴起,打破了传统产业和互联网产业的泾渭分明的区隔。自此之后,运用新技术,链接、整合线上线下资源的商业创新就层出不穷,成为中国商业创新的主流。

中国商业创新起始点的标杆事件是 2009 年创新工场的成立,不仅启动了移动互联网的创业风潮,也带动了天使和风险投资的热潮,以及创新创业导师的兴起。

而 2017 年开始,以人工智能为代表的新一代信息技术,成为中国技术创新的新主流。同时,新零售、新消费等未来商业趋势,也展开了新一轮的商业市场竞争。这也使得,创新创业导师必须对新技术、新商业有着深度的洞察及把握。

同时,创新创业导师,也会经历一个逐渐成熟的过程。中国的商业发展正在进入新的高速、混沌的发展阶段,各种商业概念层出不穷,这是商业发展的正常现象。而作为创新创业导师,需要拨开纷繁复杂的商业迷雾、清晰地深度洞察和分析,真正帮助创业企业和创新者,走上成功之路。

2.3　创新创业导师的中国特色和历史使命

在未来 10 年里,创新创业导师将面对中国经济发展的最具挑战时期,具有鲜明的时代特征和中国特色,也肩负着历史使命。

2.3.1 时代特征:新技术、新思维、新探索

1. 新技术

如今中国在世界经济排名第二,根据正常发展情况的预期,将在 2030 年左右成为世界排名第一的经济体。但对比日本、韩国等国,他们是从工业时代的商业环境上发展而来,在发展过程中可以借鉴欧美的成熟经验和教训。

未来的 10 年甚至更长的时间里,数字经济将成为新兴的商业形态。中国未来的经济发展将同时基于工业经济和数字经济的基础环境。因此,如何持续、稳定地发展经济,特别是在新兴信息技术的基础上进行发展,这是企业家和创新创业导师需要共同面对的挑战。

如今,在新技术领域,正在孕育多项颠覆式的新技术,这些新技术最终将颠覆式地改变现有的商业市场,信息新技术的商用时间表如图 2-5 所示。

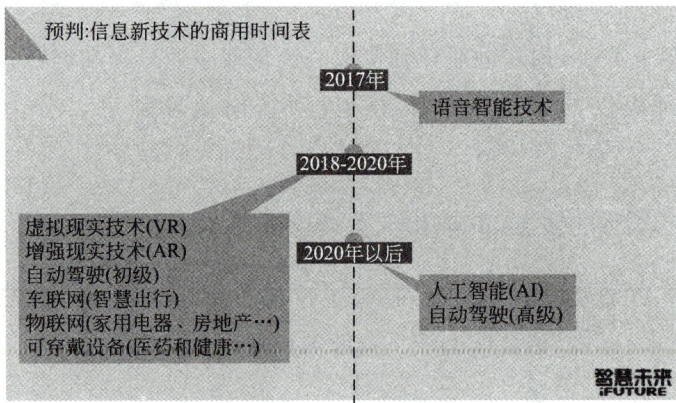

图 2-5　信息新技术的商用时间表①

2. 新思维

中国经济的继续突破及中华文明的复兴,也需要思维领域的创新。在过去的 40 年中,可能大多沿袭欧美的创业模式和创新方式,但是随着中国经济的不断发展,现实中的中国经济,尤其在互联网产业当中,我们的商业实践已经超过了美国商业的创新,而且显现出更加符合中国社会及非富裕国家的需求特征。

阿里系、滴滴出行、摩拜单车和 ofo 等都以青出于蓝而胜于蓝的姿态,在中国大地上苗壮成长。因而,我们也需要在创业和创新思维层面有所创新,不能再直接照搬欧美的创业套路和创新方式。

3. 新探索

新的探索,是中国商业发展的必然现象。但需要指出的是,探索的风险极高,一方面要支

---

① 信息新技术的商用时间表:引用于《聚变式创新》,作者程然,机械工业出版社。

持新的探索,另一方面也要有允许失败的勇气和容纳失败的胸怀。

新技术、新思维和新探索,这就是时代赋予中国创新创业导师的使命和挑战!

2.3.2　中国特色:传承与突破,相伴而行

创新,是中华民族伟大复兴及中国企业持续发展过程中遇到的重大挑战,一方面传统文化对于创新的支持力度不足;另一方面,对传统文化和思维中优秀的思维方式和创新意识的挖掘和集成工作也不足够。

对于创业企业和创新者,他们提供的产品和服务,最终都要满足消费者的需求。中华民族重视传统、尊重经验,但是在新的挑战面前,如何才能将传承与创新有机地结合在一起,还是个难题。

2.3.3　历史使命:帮助中国企业打造创新和成长基因

中国经济在过去的 40 年中快速发展,但是中国企业无论在产品还是商业模式层面,都缺乏自主创新意识和能力。这与已经成为世界第二大经济体的我国来说,是不相符合的。无论是国有企业、大型上市公司还是中小型、创业企业,在未来全球化、信息化的商业竞争中,都将更加艰难。

我国企业需要在多个层面,进行创新,实现成长,才能在未来的竞争中脱颖而出。创新创业导师需要帮助创业企业和创新者完成以下使命,为企业打造创新和成长基因。

(1)企业的转型升级路径;

(2)企业的制度创新;

(3)企业的产品创新;

(4)企业的商业模式创新;

(5)企业的品牌创新。

第 3 章

创新创业导师的素养

创新创业导师的素养是指职业内在的规范和要求,是在职业过程中表现出来的综合品质,包含职业道德、职业技能、职业行为、职业作风和职业意识等方面。很多企业界人士认为,创新创业导师的职业素养至少包含两个重要因素:敬业精神及合作的态度。敬业精神就是在工作中将自己当作公司的一部分,不管做什么工作一定要做到最好,发挥出实力,对于一些细小的错误一定要及时地更正。敬业不仅仅是吃苦耐劳,更重要的是"用心"去做好本职业的每一份工作。态度是职业素养的核心,好的态度比如负责的、积极的、自信的、建设性的、欣赏的、乐于助人等是决定成败的关键因素。

3.1 创新创业导师职业道德共识

创新创业导师职业道德共识就是同创业者的职业活动紧密联系的符合职业特点所要求的道德准则、道德情操与道德品质的总和,它既是对创新创业导师在职业活动中的行为标准和要求,同时又是职业对社会所负的道德责任与义务。职业道德是指人们在职业生活中应遵循的基本道德,即一般社会道德在职业生活中的具体体现,是职业品德、职业纪律、专业胜任能力及职业责任等的总称,属于自律范围,它通过公约、守则等对职业生活中的某些方面加以规范。职业道德既是本行业人员在职业活动中的行为规范,又是行业对社会所负的道德责任和义务。

3.1.1 创新创业导师职业道德

职业道德是凝聚职业群体稳定并合理实现职业目标的一种道德规范。任何一种职业,都有符合职业自身发展需要的道德规范,科学合理的职业道德规范体系,不仅可促进职业群体自身组织的稳定,同时也能够极大地激发职业效能。

职业道德,是指"从事一定职业的人们在职业活动中所应遵守的道德规范及与之相适应的道德观念、情操和品质"。职业道德是社会道德体系的重要组成部分,它将社会中的人与其职业角色和职业行为联系在一起,它是一种社会化性质的角色道德。

职业道德按照范围划分为广义的职业道德和狭义的职业道德两大类。广义的职业道德就是指一般性职业道德,它将所有职业视为一个整体,并从最基本的层面上对所进行的职业活动进行规范,所以这种职业道德也体现了所有的职业道德的整体性。2001 年中共中央印发的

《公民道德建设实施纲要》中提出了职业活动中应当遵守的基本行为准则,也就是一般的职业道德规范,即爱岗敬业、诚实守信、办事公道、服务群众、奉献社会。另外一种是狭义的职业道德,也就是某个具体的职业,根据其自身的职业特点所产生的职业道德规范。人们所从事的工作千差万别,不同职业间的道德特点也各不相同,相应所产生的职业道德规范也各有各的特点。随着社会经济的发展,分工越来越细,使得职业的种类越来越多,因此具体的职业道德种类也越来越丰富,并且突显其个性。

习近平总书记在十九大报告中明确提出要加强思想道德建设,深入实施公民道德建设工程,推进社会公德、职业道德、家庭美德、个人品德建设,激励人们向上向善、孝老爱亲,忠于祖国、忠于人民。习总书记还指出要激发和保护企业家精神,鼓励更多社会主体投身创新创业。

创新创业导师是指创业企业聘请社会上的行业专家、成功人士、学者担任本企业在设立与发展过程中的顾问,是帮助青年创业就业,指导就业上岗的一群人,其指导对象包括大学生和社会人士。

形成一定的职业道德共识有利于创新创业导师在职业活动中调整好各种关系,解决各种矛盾,同时告诉创业者应该做什么,不应该做什么,应该怎么做,不应该怎么做。

3.1.2　创新创业导师职业道德的内容

1. 公益情怀

国外学者达成的共识是创新创业导师的身份首先是"志愿者",他们通常是企业经营管理的通才或退休的行业精英,通过传授创业技能和经验,甚至分享包括人脉、信息、平台在内的创业资源,帮扶创业者以达到反馈社会的目的,但是由于创业者自身经营管理企业,与创新创业导师之间并没有任何组织上的层级关系,因此创新创业导师指导的本质是志愿服务。

创新创业导师指导活动本质上是知识共享行为和资源分享行为,因此创新创业导师首先要具有公益情怀。主动承担对创业者的帮扶责任,为有创业意愿或处于创业初期的各类创业青年提供项目策划、开业指导、项目评估、市场分析、经营管理、融资贷款、政策法规等方面的咨询和指导。

挫折、失败是创业者的必修课,在创业者困难的时候拉一把,迷茫的时候帮他们打开眼界,在进一步发展时期指明方向,这是创新创业导师从合作伙伴到朋友,再到老师的过程,而"敬业""专业""坚持""奉献""执着""社会责任"等公益情怀中的关键词,在创新创业导师的工作中也得到了生动的体现。

第一,要有奉献精神。奉献精神是中华民族的传统美德,周总理鞠躬尽瘁死而后已,孔繁森将自己的生命奉献给阿里,李素丽在公交车上全心全意为人民服务,他们以无私的奉献实现自己的人生价值。从古至今,各行各业的人物都在书写着为社会为人民奉献的篇章。创新创业导师这一具有志愿服务性质的身份,更是要将自己的金融知识、管理理念、技术指导等方方面面的经验毫无保留分享给初创企业,对企业进行无私的指导和帮助。

第二，不求回报。创新创业导师进行指导是无偿的，不仅要毫无保留地传授自己的经验和智慧，还要调动自身在资金、市场、人脉等各方面的资源。在指导期间不会有什么物质上的回报，而且需要花费很多时间和心血，还可能会影响到自己事业的发展，但是这是一项利他利社会的事业，值得创新创业导师去投入，作为创新创业导师要让心胸和视野都更广一些，更大气一些，做一些推进社会进步的好事。

第三，要有社会责任感。2014年9月，李克强总理在夏季达沃斯论坛上提出"大众创业，万众创新"的口号，希望通过推动大众创业、万众创新，以创业来带动就业，增加居民收入，促进社会正向流动和公平正义，在全社会形成创新创业的文化，让人们在创造财富的时候更好地实现精神追求和自身价值。那么担负着指导企业发展等角色的创新创业导师，往往是行业内的优秀人才，必须要有一定的社会责任意识，勇于担当一定的社会责任，通过帮助企业实现更好更快更稳定发展的同时，来促进带动市场的动力、活力和竞争力，进而助力于推动经济发展，发挥自身的社会功能和价值。有的创业者在成功后会感到迷茫，尤其在价值观上，不知道还要做什么，创新创业导师可以从理念和价值观上去告诉创业企业、引导创业企业。把这些文化因素渗透到创业企业的发展过程中，帮助企业家明白应该有怎样的社会责任，应该对员工尽什么样的责任，对企业尽什么样的责任，对社会尽什么样的责任。

创新创业导师怀揣着公益情怀，对创业者无私奉献、不求回报，对社会有担当、有责任，在创业指导的过程中，对创业者言传身教，营造影响着更加和谐、积极的创业文化环境。

案例 1

武汉退休职工教人创业 助人不求回报一干就是四年

66岁的程战淮老人是武汉市地铁集团退休职工，曾任湖北省晋商联合会晋商投资有限公司副总经理、项目总监，策划过多起大型项目。退休后，他加入了武汉创业天使导师团，每天夹着包，为创业者的事奔走、忙碌，他总是说："我的梦想就是让更多人实现梦想。"

3年前，胡德祥辞掉深圳一家月薪万元的工作来武汉创业，但出师不利，他在宝岛公园开了家工作室，精美的景泰蓝工艺画挂了半个月也没卖出一幅。

一名老人在持续来店逛了一周后，跟胡德祥攀谈起来。这名老人就是程战淮。他帮胡德祥制定了一系列措施：首先与有意向的学员充分沟通、听取意见，推广该项目，同时四处向媒体和政府部门推介该项目，以提供展示和曝光机会。经过几个月运营，学员和技术人员很快增加至70余人。而随着曝光量增加，该项目引起投资公司重视，一家公司出资与胡德祥合作成立了工艺品公司。目前，该公司发展迅猛，全国已有150余家产品经销商，预计今年销售产品达30余万套，产值达2 400万元。

4年多来，程战淮被100余家企业聘为顾问，先后帮扶个体经营户、中小微企业200余家，受邀培训200余场次，服务创业者两万余人次。他先后赴大专院校培训、服务大学生近万人次,仅中南民族大学就去了50余趟。上至校长、院长邀请,下至大学生社团或个人邀请,他都随叫随到,与大学生谈梦想、谈创业。

这两年来,他发现,要想真正改变一个人的命运,光靠帮他出金点子、给他找项目是不够的,还要转变他的观念,教会他如何做人。他总是对帮扶对象说:"我不要你们报恩,只求你们将爱心传递,帮助更多的人脱贫致富。"

不少他帮助过的人,也正在将爱心传递着。辍学到武汉闯荡的李伟,在他的推荐下踏上央视"阳光大道"创业大赛舞台,一举获得20万元创业奖励基金。如今,小有名气的李伟,忙着开联合办公场所,帮更多草根创业者实现梦想。侗族女孩龙敬怡将大山里的石头卖到武汉,在程战淮等创新创业导师的帮助下,事业越做越大。如今,她开始反哺社会,带动更多大学生走上创业路……

这样的例子举不胜举,程战淮帮过的创业者都记住了他饱含深情的一句话:"我愿做一座架梯,希望你沿着我的身躯一级一级向上攀登,当你到达一定高度,你快乐,我也快乐。"

(资料来源:《楚天金报》2013年5月记者海冰的采访整理)

2. 成就他人

创业是创业者对自己拥有的资源或者通过努力对能够拥有的资源进行优化整合,从而创造出更大经济或社会价值的过程,如果创业成功,那么创业者就能够得到经济、社会地位、个人能力等收获;即使创业最终的结果不甚理想,创业者也在创业的过程中不断成长,提升各方面的能力,为今后的生活和事业打下坚实的基础。在创业者收获能力和事业的同时,创新创业导师在这其中起到了至关重要的作用,发挥着一种成就他人的精神。创新创业导师的成就他人如何体现呢?

第一,创新创业导师在事业上给予创业者帮助。企业的良性发展和运作是创业者追求创业成功的首要目标,在通往这个目标的道路上,需要做出大量的前期准备和努力,需要管理、技术等方面的支撑。创新创业导师无私地将人脉、经验等资源贡献出来,让创业者少走弯路,指导创业者快速走上健康道路,在创业这条路上走得更稳、走得更远。

第二,创新创业导师在能力上给予帮助。成功创业是一项艰难险阻的过程,尤其是初次创业成功率并不乐观,授人以鱼不如授人以渔,通过大量案例的研究,可以发现成功的创业者具有多种共同的特质,其中最为重要的是欲望、自信、忍耐、胆量、眼界、明势、敏感、谋略八大特质。前四种可以归为创业精神,后四种可以归为创业能力(业务能力),创业精神是成功创业的前提,创业能力是创业成功的保证。创新创业导师在指导过程中,不但要帮助企业成长,更要帮助创业者培养一定的创业精神,提高创业的能力。在专注于指导企业的过程中,更要重视创业者的发展。

第三,创新创业导师要帮助创业者养成良好的品格。创新创业导师在进行创业指导的过程中,同时也在进行着教育事业的传递。教育是一个以人格培养人格、以人性召唤人性的事业。苏霍姆林斯基说:"只有人格才能够影响到人格的发展和规定,只有性格才能养成性格。"

创业者承担着更多的社会责任和社会影响力,创新创业导师是创业者事业的引路人,也是人生领航者,那么创新创业导师有必要在创业者创业之初,就有意识地帮助其树立良好的品格和修养,有助于创业者在收获企业成长的同时,也能得到自身内在精神力的提升。

怀着成就他人的心态致力于创业教育事业,才能更加深入、全面地助力于国家创新创业事业的进步和发展。当然,成就他人就是成就自己,创业者在快速进步的同时,创新创业导师也收获着自身的不断成长。创新创业导师在成就他人的道路上不断实现自身的人生价值。

案例 2

惠普的诞生

弗雷德·特曼被称为硅谷之父,一方面是因为他很早就践行着产学融合的理念,并最后促使斯坦福工业园的诞生;另一方面,则因为他是惠普两位创始人的创新创业导师,他间接促使了惠普公司的成立。

1930 年,帕卡德考入了著名的斯坦福大学电机工程系,在这个出名的电子学圣地开始了求学生涯。一天,特曼教授邀请帕卡德到他的办公室,建议他在大学最后一年学习他的无线电工程学课程。通过上特曼教授的课,帕卡德结识了休利特、波特、奥利佛,这些人后来成为 HP 的经理班子。

大学毕业时,在特曼教授的鼓励下,休利特和帕卡德一起拟定了一份毕业后自己创业的计划。可是正当他们要自己创业的时候,大萧条的阴影笼罩着整个美国经济,他们的梦想只能暂时搁置了。毕业后,帕卡德受雇于通用电气公司,而休利特继续深造。

1938 年夏,特曼教授为帕卡德和休利特争取到斯坦福奖学金,两人重返校园攻读电子工程博士学位。他们利用从特曼教授借来的 538 美元,开始着手创业。他们拥有一间仅能存放一辆汽车的车库,这就成了他们最早的车间。创业时的工具异常简陋原始,只有一个工作台、一套老虎钳、一台钻床、一把螺丝刀、一把锉刀、一只烙铁、一把钢锯及一些在外面买来的元件。直到 1940 年,两人才从这间车库中搬出。1987 年,这间车库被官方正式评定为加利福尼亚州发展史上里程碑式的建筑物,成了名扬四海的"硅谷诞生地"。

1939 年 1 月 1 日,两人决定正式成立合伙企业,并用掷硬币的方式决定谁的名字排在公司名称的前面。于是产生了 HP(Hewlett-Packard),而不是 PH。公司成立后,首要问题是确定生产什么。特曼教授出谋划策,建议生产音频振荡器。样品于当年 11 月推出。根据特曼教授提供的名单,他们把产品介绍送给大约 25 家可能的客户,令人惊讶的是订单很快就来了,有的还附有支票。迪士尼公司就是 HP 公司的第一家客户,向他们订购了八台改进型 HP 200B,用于电影《幻想曲》(Fantasia)的制作。公司第一年营业收入为 5 368.64 美元。

正是特曼教授对于帕卡德无私的帮助与指导,帕卡德和休利特开始了创业之路,并成就了伟大的事业。

3. 包容大度

"惟宽可以容人，惟厚可以载物。"——薛瑄

包容大度是一种豁达，是一种品格和美德，是中华民族的传统美德，也是当代人必备的道德品质。在中国特色社会主义进入新时代的过程中，传统文化和传统美德需要每一个人来传承、来发扬。

在社会高速发展的过程中，来自外在和自身发展方面的压力越来越大。即使不创业，人生的成长过程中也需要有导师指点迷津。当你在迷宫中走不出来的时候，或许导师的一两句话就能让你"开释"。尤其是创业者在创业的过程中比常人要承受更多的压力和责任，有来自项目本身的，有来自家庭、父母、合伙人和团队等，有来自恐惧失败的，有来自经济方面的，等等。这些压力和责任对创业者都是巨大的挑战和某种程度上的负担。

在情感支持上，创新创业导师要包容大度。创新创业导师在某种程度上充当着师长的角色，对创业者在精神和情感上的支持会起到很重要的作用。创业的过程往往波折起伏，焦虑、孤独、不确定性会反复折磨着创始人，而且创业者在精神上总是孤独的。创新创业导师在给创业者提供技术、知识、经验等方面支持的同时，能够提供安慰、倾听等情感支持，其实能够很大程度上减轻创始人的心理负担。此外，在发展过程中，对创业者取得的成功给予及时表扬和鼓励，能够非常有效地激发创业者的信心和干劲。因此创新创业导师有必要在情感上给予创业者支持，在情感上宽容大度地关照创业者。

在企业指导上，创新创业导师要包容大度。企业发展过程中，无论是创业者还是创新创业导师，在做决策时往往是基于过往的经验和当下的信息所做出的最优选择，双方势必会在某些问题处理上产生分歧，甚至出现南辕北辙的观点。这时候一定要就事论事，都是为了企业更好发展，初衷一致、目的一样，千万不能为了一时之争引起矛盾。尤其是创新创业导师，一定要有包容大度的胸怀，平和、理智、宽容地看待企业遭遇的挫折，或者企业取得的成就。

4. 谦逊谨慎

骄傲使人落后，谦虚使人进步。老子说："上善若水。"水比石头软，却能击穿石头，人如果能虚怀若谷，戒骄戒躁，事业就能更上一层楼。全社会只有谦虚谨慎，增强忧患意识，才能获取进步的动力。

创业教育是一个需要创新创业导师全身心投入情感的事业，创新创业导师对创业教育的情感状态直接影响甚至是决定创业者对于创业的情感、态度和价值观。创新创业导师如何看待创业教育这个新兴学科的价值和地位，对理想与现实的差距做出合理的解释，其情感因素尤为重要。对于一名创新创业导师而言，不仅要做到热衷于创业教育、尊重自己所从事的事业，对自己的工作有一个正确而充分的了解；而且要精通业务，对自己专业领域的知识、技能刻苦钻研，精益求精；还要以崇高的忘我精神献身职业，对创业教育产生浓厚的感情，有强烈的自豪感、光荣感和责任感，从而严格要求自己，坚守于创业教育工作岗位。

第一，谦虚谨慎地看待企业发展。企业成立之初往往存在着资金短缺、人才匮乏（通常只

有创始人及为数不多的核心员工)、业务开拓吃力等问题。面临着严峻的市场挑战,能否存活下来是需要面对的最直接的问题。创新创业导师要始终保持谦虚谨慎的态度对待创业指导工作、看待社会发展。在指导的过程中保持清醒头脑,认清发展趋势,帮助企业做好事业规划,促进企业的良好发展。

第二,谦虚谨慎地进行指导。创业者和企业在发展的过程中需要寻求方方面面的指导和帮助,初创企业在前期的准备和发展过程中会遇到各种各样的问题,如工商、税务、金融、法律、科技、经济及人力资源等相关法规政策,而大部分创新创业导师往往是在某一领域或者某一方面比较擅长,那么这也要求创新创业导师要做到谦虚谨慎,理性、正确、客观地对创业者进行指导。此外,一个企业要获得长期、稳定、持续、良性的发展,企业本身也需要形成谦虚谨慎的优良传统作风。创新创业导师在参与指导企业成长的过程中,有必要也有责任帮助企业营造谦虚谨慎的企业文化环境。

第三,谦虚谨慎地不断学习。初创企业在发展的过程中面临着各种各样的挑战和机遇,创新创业导师是最好的见证者和参与者,在企业成长的过程中,创新创业导师也在不断成长,那么这就需要创新创业导师始终保持着谦虚谨慎的学习态度,在进行指导的同时,完善自身的知识体系,提升实践能力,进而形成良性的循环。

第四,谦虚谨慎地摆正位置。创新创业导师作为企业设立与发展过程中的顾问,要摆正位置,做好企业的服务和指导。

5. 共同成长

孔子认为"后生可畏",可以"当仁,不让于师",因此,提出"三人行必有我师焉"。

世界教育史上最早出现的教育学专著《学记》根据孔子的教学经验提出"教学相长"的命题,指出"记问之学,不足以为人师",强调"学然后知不足,教然后知困。知不足,然后能自反也;知困,然后能自强也",认为教师在教学过程中要不断自反自强,既是教育者,又是受教育者,通过教学,发现自己的不足和困惑,进而督促自己不断进修,求得自身的进步。因此教与学相互依存,相互促进,教因学而得益,学因教而日进。韩愈在《师说》中进一步明确、系统地阐述了师生之间的教学相长。他从孔子的教学实践中总结出三条结论:一是"弟子不必不如师",提倡学生奋发学习,敢于超过教师;二是"师不必贤于弟子",即教师也应该向学生学习,并不耻下问;三是"闻道有先后,术业有专攻",教师闻道在先,学有专长,应该为师,但是学生勤奋苦学之后在某一方面有所长,也可以为师。

创新创业导师在指导创业者进行创业的过程当中,也是存在着教与学的关系。基于过程视角,John Cull 将创业指导过程分为三个阶段:开始阶段、中期阶段和终止阶段 。指导关系建立的开始阶段是创业者的快速学习阶段,创业者寻求的是精神支持和相关知识,创新创业导师需要对其进行精神鼓励和相关知识的传授。随着创业者创业知识和技能的完备,创业指导进入中期阶段,创业者需要更多的职业帮助,导师则需要帮助创业者制订和执行商业计划并且找寻发展机会。在终止阶段,导师会给予创业者更多的独立发展空间。创新创业导师需要根据不同创业指导阶段中创业者不同的需求和特点准确把握创业特征进行创业指导。

在这三个过程当中，随着创业活动的进行，创业者步入不同的阶段，创新创业导师需要根据创业者的需求和情况不断调整指导内容，那么在这个指导和调整的过程中，创业者在不断成长。创新创业导师的指导、建议和角色榜样能有效促进创业者认知学习和情感学习，增强其创业知识和技能、机会识别能力及自我效能感。创业指导作为导师与创业者的互动过程，不仅对创业者和创业企业有效果及作用，对创新创业导师也有效果及作用，创新创业导师在指导和实践过程当中也会有相应的收获，创新创业导师通过创业指导活动也在个人发展、荣誉及经验增长上受益。

因此，在创业指导的过程中，创业者和创新创业导师不断进步，共同成长。

案例 3

创业导师，同企业一起成长

陈爱国的身份有很多，上海创业投资管理有限公司总裁，上海丰成创业投资管理有限公司董事长，科技部创新基金专家、上海创业投资行业协会副秘书长、"中国火炬创业导师行动"中首批 39 名创业导师之中的一位……笔者问，这么多身份，您最钟爱哪个？陈爱国说，谈不上钟爱，但在很多公开场合，我都喜欢强调自己是创业导师。

陈爱国说，作为创业导师，必须要承认一点：创业者不一定比你差，可能很多方面比你还优秀，我不能帮他解决客户、不能帮他解决订单；但是，如果他在工作中遇到问题，可以随时告诉我，我会给他建议，会尽我所能帮助他，和他一起成长。

发网是国内第一家在线仓储与运输服务提供商，经过几年的发展，目前发网已建立起面向全国的快递和快运服务网络，为超过 3 000 家电子商务企业和网商提供服务。创业之初，创始人李平义也遇到了很多问题，每到此时，他就会找陈爱国聊天，两人谈论的话题广泛而深入，从技术到商业模式到未来发展蓝图及内部人员管理，无所不谈，按李平义的话说："过一两个月不和陈老师聊就觉得很别扭。"

"陈老师，发网站稳脚跟了。我现在现金流平衡，有盈余了。"

"陈老师，我们下一步是该快速扩张还是该稳步发展？"

"我们今年的销售额可能会在 800 万左右，明年我们有信心做到 1 000 万。"……

每次，企业有了新的发展，李平义就会就兴冲冲地跑来告诉陈爱国。

"这种企业，真是从零开始看它开始慢慢成长的。这个过程很美妙，你就像在看一本精彩的小说，会觉得真的很有意思，很有成就感。"在陈爱国看来，看着企业从小到大，会有一种由衷的欣慰，会觉得人生很有意义。在创业指导的过程中，陈爱国每天都会认识新的朋友，每个人关心的角度和提出的问题几乎都不一样，在这种几乎不会重复的生活中，在和创业者不断地交流中，在创新项目的评审中，他不断学习着新的商业模式和新的服务理念，他的灵感不断地被激发。

（资料来源：《科技创业》第 98 期记者郭霞的采访整理）

6. 保守秘密

所谓保守秘密,是指创新创业导师在履行自己的职责时,应当树立保密的观念。应当保守在指导过程中获取的本企业或者有关企业的商业机密,对机密资料和机密信息不外传、不外泄,守口如瓶。

保守职业秘密首先是创新创业导师应当遵守的道德上和法律上的义务。这一义务是基于创业者和创业企业享有的商业秘密的权利。

(1)履行保守秘密的重要性。按照《中国反不正当竞争法》的规定,商业秘密是指不为公众所知悉、能为权利人带来经济利益,具有实用性并经权利人采取保密措施的技术信息和经营信息。因此,商业秘密包括两部分:技术信息和经营信息。例如,管理方法、产销策略、客户名单、货源情报等经营信息;生产配方、工艺流程、技术诀窍、设计图纸等技术信息。商业秘密是企业的财产权利,它关乎企业的竞争力,对企业的发展至关重要,有的甚至影响到企业的生存。一旦泄露给竞争对手,本企业经济利益将会受到重大损失,引发不公平的竞争,扰乱市场秩序。

(2)保守机密的要求。在创新创业导师指导创业活动的过程中,不可避免地会在不同程度上参与到企业的运营和管理,接触到企业的部分技术信息,这些信息对初创企业的存活或者发展非常重要。创新创业导师在承担着对某家公司进行创业指导的角色之外,可能还承担着其他的社会功能和角色,那么作为创新创业导师,必须要时刻谨记自己的职业道德,不论在什么场合、充当哪种角色,都要谨记保守秘密的职业道德。

首先,确立泄密是大忌的观念,除法律规定外,未经批准,不得泄露或向外界提供指导企业的重要信息。

其次,不能利用在指导过程中的机密资料,经由个人或者第三方用于谋求非法收入。

最后,要求创新创业导师不仅要在主观上形成不泄露、不传播、不散发的意识,更要在日常工作中养成防范意识,形成防范习惯,资料不乱丢,以防被人窃取,造成不必要的损失。

保守职业秘密是创新创业导师的普遍性义务规则,既是伦理上的义务,也是法律上的义务。所以,创新创业导师要时刻以法律和职业道德约束自己,保密守信,对机密资料不外传,不外泄。在日常工作中保持警惕,防止无意泄露。总之,泄密不仅是违反创新创业导师职业道德的行为,也是一种严重的违法行为。

3.2 创新创业导师行为规范共识

创新创业导师行为规范共识是创新创业导师在参与创业指导、咨询中所遵循的规则、准则的总称,是社会认可和人们普遍接受的具有一般约束力的行为标准,包括行为规则、道德规范、行政规章、法律规定、团体章程等。创新创业导师行为规范是在开展工作中根据创业者的需求、价值判断,而逐步形成和确立的行为规范,是创新创业导师在创业指导、咨询活动中所应遵循的标准或原则,由于行为规范是建立在维护社会秩序理念基础之上的,因此对全体成员具有引导、规范和约束的作用。引导和规范全体成员可以做什么、不可以做什么和怎样做,是社会和谐重要的组成部分,是社会价值观的具体体现和延伸。

3.2.1　塑造创新创业导师的人格魅力

人格是指人的性格、气质、能力等特征的总和,也指个人的道德品质和人作为其权利、义务主体的资格。而创新创业导师的人格魅力则指创新创业导师在创业指导活动中以性格、气质、能力、道德品质等方面的行为表现出的吸引创业者、创业团队的凝聚力和感召力。

实际上作为创新创业导师,除了专业知识和技能之外,更要增加自己的个人魅力。不管是男性创新创业导师还是女性创新创业导师,作为一名导师,都应该有自己的个人魅力,包括言行举止,包括穿着打扮,让自己成为一个让人愿意接近,愿意学习,更愿意模仿的人。作为一名创新创业导师要面对形形色色的创业者,有些贪婪,有些狂躁,有些自大,有些自卑……这些创业者同样需要人格魅力。人格魅力是优秀创业者应具备的才能,也是创业公司向前走的动力。每一家公司都有自己的创业领袖,每一个团队都有自己的灵魂人物。正如苹果的乔布斯、Facebook的扎克伯格、阿里的马云、小米的雷军、华为的任正非等,他们每个人都具备强大气场的人格魅力,他们的一举一动、一言一行都代表公司的形象,向外界和内部表达着创业领导者的力量。因此创业者人格的塑造是创新创业导师的一项工作。而这项工作更多需要创新创业导师以身示范,身教胜于言行。导师在创业指导过程中表现的人格魅力作为一种宝贵的资源,比有形的言语辅导具有更强的心灵渗透力,对创业者的创业成长过程起着潜移默化的感染、熏陶和最直接的示范、导向作用。

"学高为师,身正为范"的古训在当今创业指导工作中同样具有深远的现实意义;创新创业导师的品格高尚可以感染创业者,达到"亲其师"而"信其道",进而自塑完美人格。创新创业导师的人格魅力是由理想信念、学识水平、知识能力、个性情趣、品质修养、形象气质等综合素质熔铸而成的,是吸引创业者追随的主要源泉,在润物细无声中感染、教化创业者。高尚的导师人格是创业者效仿的榜样、崇拜的偶像,是一面旗帜、一盏航灯,是无声的号角,会对创业者产生无形而强大的感染力、吸引力和影响力,并会促使创业者形成健康的人格。

创新创业导师人格魅力表现在优良的职业道德素养。这里有两层含义:一是学识深湛;二是气度文雅。二者互为因果关系,只有学识深湛,才能真正做到气度温文尔雅;而气度温文尔雅,则是学识深湛的外在表现。二者一内一外,而成容众成人之气象。外在来源于内化,外在的优雅的气质,其实是内心的自信与沉稳。儒家的大学之道就是把礼——社会的伦理内化成内在的仁心和仁爱,又把这种内在的仁心和仁爱,变成一种外在可见可感的君子形象。当有了这样一群慎思独行、容众成人的创新创业导师,未来的创业者才会是真正的"成人",也就是领悟大学之道的人。这种强调个体心灵光辉和精神价值的思想理念,在全球化的今天对于完善创业者的精神追求体系来说,具有多方面的重要意义。"仁爱"是中国优秀传统文化中最核心的道德范畴,对净化灵魂、完善自我有着巨大的精神动力作用。德育贯穿"仁爱"思想教育,是社会伦理共同体的本质再现,是完善现代人格的必然选择。创新创业导师要注重展现优秀的职业道德素养。

同时创新创业导师要有团队精神,简单来说就是大局意识、协作精神和服务精神的集中体现。创新创业导师应具有良好的团队合作精神,不刚愎自用,愿意为指导企业的发展提供公益性服务。

很多时候创新创业导师觉得拥有专业知识和技能,成为某一个领域的专家就能成为导师,实际上个人魅力是十分重要的。所以平时要多关注个人魅力的提升,在这个方面多下功夫,多努力。创业本身是一场修行,作为这个修行的引领着,一个合格的创新创业导师需要不断完善自身人格的修炼过程,在创业辅导过程中不断磨砺、参悟。只有这样,创新创业导师在创业指导实践过程中展现的魅力才能让更多的创业者接纳、尊重、欣赏。

3.2.2 坚持以人为本,尊重创业者

今天,世界正在转向生命价值观,基于生命价值导向的企业平台、产品及产业链、商业模式等未来将成为这个全球互联经济时代的主旋律。创业者的创业之路也离不开这样一个时代背景。要明白一个道理,创新创业的核心是人,人才是创业的主体,人才是创新的源泉。

对创新创业的指导是一个相对复杂的过程,包含了思维能力、判断能力、选择能力、创造能力、观察能力、实践能力等方面的系统训练。而这个过程最终还要创业者自身理解、完成。外在的辅导因素只能起到引导、引发的作用。因此在辅导创业者创新创业能力时,必须坚持以人为本,努力激发创业者的主体能动性。以人为本就是坚持人的自然属性、社会属性、精神属性的辩证统一。基本要求就是把培养社会创业创新所要求的、具备综合素质的创业者置于辅导的核心地位。以人为本的创业辅导,要求创新创业导师掌握一套科学、合理的、符合创业创新发展要求的规律和方法。创业辅导的核心目的之一是启发创业者的自觉性,唤醒创业者的积极性,从而促进创业过程的全面发展。

比如当下"互联网+"是创业领域最热门的领域之一,尤其是广大年轻的创业者凭着对互联网新技术的敏感和青春的激情,越来越多的年轻人加入"互联网+"艰难的创业之路。如果仔细观察与思考,"互联网思维"的核心含义究竟是什么?"互联网思维"其实反映的是每个人都耳熟能详的传统诉求——"以人为本"。互联网经济时代就是商业向人性的回归。互联网经济开放、透明、民主的基本属性,最终集中体现为"人性化"。从这个意义上来说,互联网经济是真正以人为本的经济,互联网让商业真正回归人性。正如某些业内专家所言,互联网思维之于商业变革的意义,堪比欧洲的文艺复兴。

创业指导过程中,可能会发现每个创业者由于社会背景不同,经历不同都具有自己的思维方式,都有自身的特质。创业辅导过程往往要面对这样的事情,即"人"的问题一直以来都是创业过程最难以解决的问题。企业是由人创建的,是一个拥有生命的系统,这个生命系统要想健康有效地运转,医理之道上讲究从根本治理,也就是俗称的"病根儿",那么企业这个生命系统

如何治？对于企业而言，无论是对内部还是对外部，其管理和服务的对象都是"人"，把握了"治人"之道，企业的生命脉络变活了！要想服务好"人"，就要求创新创业导师要尊重创业者。例如，互联网创业，青年创业者对互联网技术的敏感度毋庸置疑，但由于缺乏在传统行业深耕的经验，对于"＋"号后面的部分的理解，以及怎么"＋"往往还是致命缺陷。要求创新创业导师在尊重年轻创业者创业热情的前提下，本着以人为本的理念对创业项目进行辅导。

在这样一个创业辅导过程中，必须坚持以人为本，尊重每个创业者的个性发展。创新创业作为有意识、有目的、有计划、有步骤的实践活动，要有正确的思想意识和科学的理论指导。解放思想，实事求是，充分发挥创业者主体的积极性和无限的创造性。在创业辅导过程中，创新创业导师应展现足够的宽容之心。宽容是一种美德，是保持情绪状态的基本条件。宽容就是容人之长，容人之短，容人之过。

创新创业导师应该包容同理，用宽广的胸怀教育创业者。创新创业导师应该具备海纳百川的胸襟，能够包容创业者，在关怀和爱的影响下，使创业者感受到创新创业导师的情怀，力拓创业者的心理素养。尖酸刻薄的创新创业导师只有伤害，没有爱，带给创业者不良形象，不能激励创业者的个性特点，促使创业者往多元方向发展。对于创新创业导师而言，应该理解其实质。包容就是"仁"，就是爱人，就是要用心去爱每一个人，这是大爱，也是孔老夫子的传家宝，但是有不少人都忘了，被金钱冲昏了头，只想到了自己，学会了与人计较，自然就埋没了包容，这是可怕的。而包容同理就是和谐，就是与万物同生长，这需要更宽大的心胸。包容同理是一门学问，学会包容同理的人，就学会了生活；懂得包容同理的人，就懂得快乐！这门学问，是来自内心"慈悲喜舍、善良仁爱"的自然流露！包容同理是一门艺术，它不是随随便便可以得到，可以舍弃的东西，它是一种精神的凝聚，它是一种善良的结晶，是人性至善至美的沉淀！包容同理是一种美德，它可以使你的人格得到升华，让你的心灵得到净化！它是人修身养性的一本"真经"。能够包容同理的创新创业导师才是真正意义上的好导师，包容同理了创业者的全部，又能很好地指导创业者的个性发展，促进其个性发展，实现创业者的成功。

总之，创业辅导过程作为一种人的实践活动形式，要实现其既定目标关键在人。就是要以人为本，尊重人、理解人、宽容人、关心人。在这一过程中，重视、开发、激发人（创业者）的智慧和力量，使得创业者的自主性和独特性得到自由充分的发展。

3.2.3　不断探索，不断创新

创业是一个艰苦的过程，作为创业的辅导者，创新创业导师一方面要同创业者一同经历这一过程。其自身也有一个不断修炼的过程，因为创新创业导师是创业者的引路者。如果说社会生活是一幅充满多种标志的地图，创新创业导师就是创业者用以识别地图的图例，其作用就是帮助创业者识别地图的各种标志。导师"引路者"的作用是巨大的，它甚至能决定或改变创业者一生的命运及发展方向。萨利文小姐对海伦·凯勒的影响，或是沈元老师对陈景润的影响，都是有力的证明。

创业过程的本质特征是创新。无创新的创业，是低层次创业，很难有持久的生命力。创新意味着给市场引入了一种"新组合"。"新组合"包括：引进一种新产品或服务，提供一种新的生产方式，开辟一个新市场，掌握一种新的原材料的供应源或者创建一个新的组织。创业是实现创新的过程，创新存在于创业企业发展的全过程，而不局限于创业的初期阶段。

创新创业导师，是以自己在创业和创新领域的实践经验和体系为基础，为创业企业和创新者，提供关于创业或创新领域的辅导和帮助，这些服务不同于普通企业服务、就业辅导和传统的企业管理咨询。创业企业和创新者，对创新创业导师的期待很高。他们需要在创业之路上，得到真实有用的帮助，因而要求真正优秀的创新创业导师，必须有大量来源于实践工作的成熟经验。这就要求创新创业导师自身要不断地探索、学习、创新。

创业辅导观念要不断创新。社会在发展，科技在进步，作为"互联网＋"时代的创新创业导师，要使自己的思想跟上社会发展的潮流，与时俱进。

知识要创新。俗话说打铁还要自身硬。被誉为"中国杂交水稻之父"的著名科学家袁隆平说过：人身上最值钱的东西是知识。在知识经济当代，知识是无价之宝，知识可以改变人们的命运，谁拥有知识谁就拥有创业创新的资本。

创业辅导的方法要创新，思维方式要创新。创新的本质就是超越——超越前人，超越权威，超越现实，创造新的纪录。而创新能力是创业应该具备的一种基本能力。古人云：师傅领进门，修行在个人。"青出于蓝而胜于蓝。""强将手下无弱兵。"有创新能力的导师才会有创新素养的创业者。这要求创新创业导师要学无止境，积攒厚实的学理基础。早在两千多年前，荀子就表达了"学无止境"的思想，只是说法有所不同而已。荀子在《劝学篇》中说："君子曰：学不可以已。青，取之于蓝，而青于蓝；冰，水为之，而寒于水。木直中绳，輮以为轮，其曲中规，虽有槁暴，不复挺者，輮使之然也。故木受绳则直，金就砺则利，君子博学而日参省乎己，则知明而行无过矣。"荀子用青与蓝、冰与水等物体的关系来比喻，劝勉人们坚持不懈地学习，成就自身的德行，创新创业导师亦然如此。荀子这一学无止境思想的提出，跟儒家学派重视学习的传统是一贯的。孔子是这一良好风气的开创者，他曾说自己有"学不厌而教不倦"的过人之处，"学如不及，犹恐失之"主张"敏而好学，不耻下问"。他孜孜不倦地追求学问，"发愤忘食，乐以忘忧，不知老之将至"。孟子则提出学习要循序渐进，以至通达的地步，"流水之为物也，不盈科不行；君子之志于道也，不成章不达"。学习还要专心致志，持之以恒，若"一日暴之，十日寒之"，那么"虽有天下易生之物"，"未能有生者也"。荀子作为继孔孟之后的又一代儒学宗师，继承并发展了这一思想。学习是不可以停止的，不舍地追求，一点一滴地积累善行，最终会达到圣人的精神境界。"积土成山，风雨兴焉；积水成渊，蛟龙生焉；积善成德，而神明自得，圣心备焉。故不积跬步，无以至千里；不积小流，无以成江海。骐骥一跃，不能十步；驽马十驾，功在不舍。锲而舍之，朽木不折；锲而不舍，金石可镂。"这些都是指导创新创业导师不断学习进步的思想，值得创新创业导师深思与学习。

创新创业导师意味着挑战和责任。成为一名合格的创新创业导师应做到专业知识和社会经验丰富,素质全面。要做到专业知识的灵活应用能力。"做自己熟悉的事"是创业者选择遵循的普遍原则。创新创业导师亦是"学业有专攻",各擅其长。而专业知识传授与创业指导的目的不同:一个是传道、授业、解惑;一个是启迪、引领、扶持。这一差异就决定了创新创业导师要能够在融会贯通的基础上对专业知识进行"溶解与重铸",使抽象的概念和创意通过创业团队打造出具有较强适应性与生命力的产品,以满足社会需求,并获取经济利益。这个从抽象到具体的实现过程要求创新创业导师具备较强的专业知识的灵活应用能力,"破""立"并举,这种专业领域创新能力应是合格创新创业导师具备的首要条件。

创新创业导师还要具备社会需求的敏锐感知能力。社会需求的敏锐感知能力,简单地讲,就是发现市场的能力。在竞争激烈的当下,每一个好市场无不是通过精巧细分才得以发现,其价值才得以挖掘,经营利润才得以实现的。有的创新创业导师久居象牙塔中,眼界囿于Subject(学科),就会对市场中的Object(目标)认不清,看不准。这样的创业指导无异于盲人引路,风险重重。因此创新创业导师要摘掉近视镜,拿起望远镜,在眼花缭乱的市场中发现市场,明辨目标,启迪引领,助力导航,扶持学生驶向那片旖旎"蓝海",成就事业,实现梦想。

创新创业导师还要求具有社会资源的协调和利用能力。除了经验之外,初创者创业时最欠缺的往往是资源。资源包括人财物、政策、信息等。这些资源从哪里来?如何使用?此类问题都应通过创新创业导师的引领得以解决,如引进风险投资、充分利用政府各部门的创业扶持政策、联系入住适合的创业孵化园区等。由此,导师在指导创业团队之前应积极获取资源,协调利用,才能在创业全程为他们保驾护航,减低难度,提高成功率。创业指导能力的自我修行往往是在"在指导中学习;在学习中指导"的过程中完成的,做到内外兼修,知行合一。通过积极实践,努力开拓,勇于担当,创新创业导师的工作能力也会渐上一层楼,真正做到"启迪灵感播星火,助力导航护新程"。

第4章

创新创业导师的能力建设

4.1 精益创业

4.1.1 精益创业开启创业第二季

众创时代的底层逻辑中的主语将发生真正的改变:过去是以"器""硬件""政策"等为主语,现在将以"创业者""孵化""软实力"为主语,从原来的"政策洼地"向"创新高地"转变。

1. 反思创业

中国社会科学院、凯迪数据研究中心联合发布的《中国创业心态调研报告》表明,青年已成创业主力,16岁~35岁的创业者在创业人群中占比高达80%。

数据表明,有20%的创业者在结束一个创业项目后会继续创业;而63%的创业者则选择回到企业或机构工作,但其中约10%的人会在工作期间寻找商业机会,择机再次创业。调查发现,在连续创业者中,有83%的人正处于第二次创业中,13%在第三次创业,3%在第四次创业,而最后约1%的人至少已创业5次以上。

报告还显示,"北上广深"对创业者的吸引力最大,36.4%的创业者首选在一线城市创业,省会城市以35.5%的支持率紧随其后,选择到县级城市及农村创业的有28.1%。从创业意愿来看,来自三线城市或小城市的创业者在创业人群中的占比远高于来自一二线城市的创业者。

不管怎么说,大众创业、万众创新的热潮还在涌动,我国平均每天约有1万家企业诞生。"众创"已经成为中国经济新的发动机。然而,创新创业在当下依然面临困难和挑战。有分析研究认为,全民创业活动中体现出的大众化、同质化和空心化特征是今天的许多创业公司无法回避的三个问题。

1)大众化

今天,这么多人之所以义无反顾地投身于创业大潮,一个重要的原因恐怕是:活跃的资本和扶持政策在短期内大大降低了创业失败的成本和风险,为创业者建造了一个安全、舒适的温室。于是,原本不想创业、不适合创业的人也纷纷加入创业军团,享受这最好时代的美宴。

但是,一切脱离本质的因素都是难以持久的。热钱终究会散去,风口也有转移之时。当温室里的花朵不得不面对自然的严酷时,今天过度创业的繁荣景象恐怕就免不了被打回原形了。

2)同质化

中国的创业者从来就不缺乏敏锐的嗅觉,对于"热点"和"风口"的把握并不逊于任何人。在某些领域,随着创业者蜂拥而上,就陷入了"一热就进,一进就死"的怪圈。

3)空心化

创业也好,创新也罢,理想的结果是成就一批伟大的企业。但是今天大众创业的结果,却在很大程度上导致了职业经理人的缺乏。

中国并不缺老板,缺的是能够在老板的公司里安心扎根、施展才华的管理人才。在这样的背景下,创业企业遍地开花,但伟大的创业企业寥寥无几也就不难理解了。人才的流失导致创业企业的空心化,而这绝不是光凭时间和耐心可以解决的。

2. 从热衷浮华到回归商业本质

创业是一种冒险,无论是科技初创公司、小微企业还是大企业的创业项目,莫不如此。几十年来,创业者几乎已经轻车熟路:撰写商业计划书,说服投资人,组建团队,推出产品,最后就是使出吃奶的力气把产品卖出去。——在这套标准动作中,说不准就会在哪个环节上犯下致命的错误,而且概率还很高:哈佛商学院什卡·高希(Shikhar Ghosh)的最新研究显示,75%的初创公司都会失败。

但最近出现的一种反传统的模式,极大地降低了创业风险。这种模式称为"精益创业"(Lean Startup),它注重实验而非精心计划,聆听用户反馈而非相信直觉,采用迭代设计而非"事先进行详细设计"的传统开发方式。

精益创业的开发—测试—认知(Build-Measure-Learn)方法,不是一蹴而就的,而是循环往复的,这被称为回路(Loop)。首先提出概念或假设(Primary Idea),经过资源统筹之后的开发,形成一个初级产品,然后是测试,通过线下调查、贵宾式用户体验、线上 SEM 等方式,获取尽可能全面细致的反馈数据,通过对数据的分析与解读,尝试理解用户心中所想,心中所好,继而完善更新假设。经过一轮又一轮的开发,从 demo 到 1.0,再到 2.0,每一次小 bug 的修补,都在实现对用户需求的回应。新创企业最宝贵的财富,恰恰是每一次的用户反馈与反馈数据。精益创业所要传达的是,这个过程不是线性的,不是累积式的,而是回路式的,是一个不断认知的过程,是一个明确的、自我察觉的认知过程。只有这样的认知,才是真正可控的,才是能够回应不确定性风险的。

精益创业对团队成员提出了四个问题,即顾客认同你正在解决的问题就是他们面对的问题吗？如果有解决问题的方法,顾客会为之买单吗？他们会向我们购买吗？我们能够开发出解决问题的方法吗？对于顾客的理解与认知,决定了新创企业的生死存亡,或许此言有些过激,但激烈白热的创业现实,往往认的不是点子,而是企业的持续存活。

激活高质量的创业本质上需要通过个体的经济理性来发挥作用。创业是一项技术含量很高的事业,激情只是其中很小的部分。除了回答"外部环境有创业机会吗",另一个更重要的问题是"为什么这个创业机会一定属于我"。后一个问题关乎资金、团队和商业模式等要素,关乎核心竞争力的挖掘与塑造。创业的失败率很高,需在多次转型迭代和创业失败中积累经验,一步一步实验和验证,成功跑完创业马拉松,这需要坚持和厚积薄发。

麦肯锡全球研究院主任 Jonathan Woetzel 研究认为,中国做得最好的是聚焦顾客和效率驱动的创新。在聚焦顾客的创新模型里,解决顾客的问题是关键;在效率驱动的工业模型里,创新旨在改善生产或服务配送的流程。在聚焦顾客的创新上,中国已超过了它在一些领域里的占比,包括电器(中国占全球的 36%)、网络软件与服务。他发现中国服务部门的创新具有很多机会(中国在服务业的生产力远低于发达国家的水平),到 2025 年,中国服务部门的创新可以每年给它增长 5 000 亿元至 14 000 亿元的价值。在制造业上,中国具有成为全球领先的数字化、联结型生产(即工业 4.0 时代)平台的优势。新一代的制造可以每年增加 4 500 亿元至 7 800 亿元的价值。

将中国过去十年创业数量和质量的分析与国际对比发现:中国的创业活跃程度远远超过欧美国家,不仅高于所有创新驱动的国家,在效率驱动经济体中也名列前茅。然而,活跃的背后,被动生存型创业的比例较高,高成长、高创新、国际化等高质量创业活动较低。创业质量有待提升,创业结构有待优化。

毫无疑问,精益创业则是以"高成长、高创新、国际化等高质量创业活动"为主体的创业模式和创业方法。

4.1.2 精益创业是创业者的必修课

随着"大众创业、万众创新"的深入开展,经过几年的演进,创业已经进入了第二季,精益创业是创业第二季时代的显著特征和应有之意。

面对创业第一季相对粗糙的创业模式,精益创业为创业者提供了一种更加细致和精细化的模式和方法。从精益创业过程来看,起点是客户,接着是发现问题、寻找解决方案,这一过程是不可逆的,有的创业者先有解决方案然后再到市场上找问题,这是不可行的;从方法论来看,精益创业者遵循"用户探索—用户验证—用户积累—公司运营"的逻辑框架(见图 4-1),并在用户验证和用户探索之间试错与循环;从发展原则来看,精益创业遵循最小可行化产品(MVP)和转型的原则,即用最少的人力物力去打造一个产品,在实践中不断接受检验并做好随时改变的准备。

大部分初创企业的倒下,并不是因为他们没有完成预设的目标,而是客户不买账。精益创业方法的基本逻辑点就在于,避免生产没人想要的产品,造成资源浪费。

成功的初创企业之所以成功,就在于他们能够不断学习,并能随着客户的喜好而调整,他们没有照本宣科地执行最初的方案,而是不断地基于对顾客喜好的初步了解调整方向,最终找到用户愿意付费的产品,并在更大的用户群范围内进行检测。

▶ **精益创业的逻辑框架**

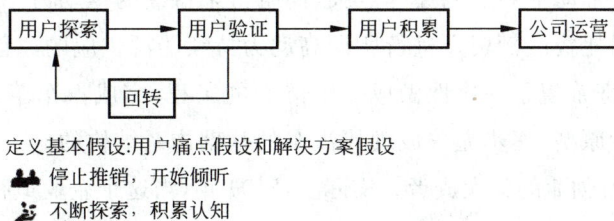

定义基本假设:用户痛点假设和解决方案假设
停止推销,开始倾听
不断探索,积累认知

图 4-1　精益创业的逻辑框架

"精益创业"指的是以"验证性学习"为基础来开发产品和发展企业的一套方法,整个过程中需要迅速而频繁地获取客户反馈。这一流程于 2011 年首先由埃里克·里斯(Eric Ries)提出。这种方法的目标是消除产品开发流程中的不确定性。事实证明,它的确改变了企业的发展方式。

"精益创业"不会在开发产品的过程中与用户隔离开来,而是会在这一过程中定期向用户曝光产品。通过这种方式,各大团队便可制定更加充分的产品决策。这样一来,无论是核心产品功能还是按钮的颜色选择,都将更加符合用户需求。这听起来似乎非常明智,也符合常识,甚至在发展数字企业的过程中显得极其实用。

所以,"精益创业"成为近年来的新兴创业模式,甚至已经渗透到非数字企业的创业过程中。"精益创业"的确有很多值得肯定的地方,但这种新的方式中存在的一些问题似乎也在改变着人们的思维。

4.1.3　精益创业源于管理实践

原来工业时代和互联网时代已经变成两种不同的创业环境,在工业时代是一个相对稳定的环境,有比较多的已知数据,可以对未来进行准确的预测和分析,所以可以准确把握市场的需求,并为之提供可行的解决方案,就像过去 30 年来的经济模式一样,市场需要什么,就生产什么。这就是过去 30 年来的经济模式,但是在互联网时代市场的变化速度超过了企业的内部增长速度,而且专家的预测往往都是错的,市场充满不确定性,需要在一个不确定性的市场里面,不断建立新的认知。

新创企业的那种颠覆性、创造性和混乱的状况是可以加以管理的,或者确切地说,必须加以管理。这种说法看似有违直觉。多数人认为流程和管理枯燥无味,而创业则充满活力和激情。但是真正令人激动的是看到企业获得成功,改变世界。人们为这些新企业付出的热情、精力和抱负都是珍贵的资源,不容随便浪费。我们可以,而且必须做得更好。

事实上,但凡伟大的公司都可以在它早期发迹的时代找到"精益创业"的痕迹。现代汽车标示性的开端便是内燃机汽车。而福特公司的创始人亨利·福特则是内燃机汽车核心技术——双向反馈循环驱动的发明人。这项发明严格遵循了"精益创业"的思想。亨利·福特曾花费 5 年的时间夜以继日地研究令引擎汽缸运转的精密机器。他从让汽缸每次的微小爆炸开始做起,每次爆炸都会带动下一次的爆炸点火,同时带来持续的推动力。而与他同一时代的其他杰出汽车工程师,则耗费巨额资金进行所谓高动力持续能源供应的原创性研究。在当时,其他的汽车公司巨头均寄希望于一次性做成一个浩大的工程,完成汽车革命。只有亨利·福特实现了从"最小可行性原型"逐步完善成现代汽车的基础体系结构的这一伟大工程。

Facebook 更是精益创业的集大成者。实际上,2003 年,当这个企业最初创办的时候,全球市场已有多家类似的网站。然而 Facebook 最为成功之处在于它能够在上线的第一个月,就让哈佛大学 3/4 的学生注册成为其用户,并在 3 个月内拓展到美国所有常春藤名校。这让众多慧眼识珠的顶级投资人充分看到了这家小公司早已成功地完成了精益创业的实验,赢得了市场的充分认可。随后的一年,Facebook 快速渗透到全美 3 000 多所高校,并在当年年底进军欧洲。

精益创业的思潮能够影响的并不仅仅是创业领域,无论是学生学习专业课、寻找工作,还是学习编程、开发项目,甚至是在大企业担任中高层的高管制订全新的部门计划,这种精益创业所带来的用"最小可行性原型"来验证市场的方式都是得到实践充分佐证的。在创业乃至实现设想更加容易的今天,迈出第一步不难,关键是如何在资源缺乏、不确定性风险极大的时候,保持阵脚不乱,保证大方向的明确。

4.1.4　精益创业,如何为客户创造真正的价值

在开创五年之内,98%的初创企业都会倒闭破产,他们失败的原因是他们花费了不必要的时间、精力和物力、财力去创造一个错误的产品,然后导致没有客户。

精益创业方法论有三个核心原则:一是最小可行化产品(MVP);二是转向或转型(Pivoting);三是找到首批使用用户(Early Adopter)。

最小可行化产品(MVP)的作用就在于可以使用最少的人力、物力、资源去打造一个产品,去检测客户是否需要。要尽可能快速地、高效率地把产品放到客户面前来检测是否符合客户需求。所以创业者核心的概念就是要在造出产品之前就要把它卖出去。这其中有三个步骤:首先是要了解客户需求,了解他们是否有亟待解决的各种问题;第二步是在产品卖出去之前,提前让客户下订单;第三步是通过客户试验来发觉他们的需求点在哪里。通过这三个步骤可以节省很多的时间、人力、物力来发现产品是否符合客户需求,而不必造成浪费。

转向或转型(Pivoting)是每个创业者都需要过的一道关,每一个成功的企业都会有着客户反馈的试验过程。例如,推特(Twitter)前身是 2005 年成立的 Odeo 播客公司,后来随着苹果 iTunes 播客业务的冲击影响,加之杰克·多西、布雷恩·库克等人加入,将其重新改版定位于网络社交,并取名为"Twitter",从原来公司分离出来成立了新的独立运营公司;Instagram 是一款最初运行在 iOS 平台上的移动应用,以一种快速、美妙和有趣的方式将用户随时抓拍下

的图片分享,而事实上,他们原本是要做一个名为 Burbn 的 LBS(基于位置服务),但是在开发 Burbn 的原生应用程序(Native App)后,他们发觉功能太多反而失去重点,最后他们只留下了 Instagram 看得到的简单功能。一开始所有这些企业都以为自己这个业务可以符合客户需求,但是后来发现并不是这样,然而他们足够灵活,调整自己的策略,然后取得成功。

找到首批使用用户(Early Adopter)并和他们进行交流。首批用户很清楚自己的问题在哪儿,他们可能已经尝试寻找解决方案,而且已经尝试了自己做一个解决方案。他们不惜花费重金或者人力物力去解决这些问题。如果你设法找到这样一批特殊的首批用户,那可能对你的事业会有很大的推动。其实很容易就能鉴别出能不能找到首批使用用户,典型的一个特点就是讲到这个问题点的时候,他们的表情会有丰富的变化,就好像说到他的痛点了。

如何找到客户真正的需求?每个客户都有自己的问题,每个问题都会有相应的解决方案,不是所有的解决方案都能够解决所有的问题,不是所有的问题都能对应到所有的客户,而是有一个循序渐进的过程。一定要遵循客户、问题、解决方案这样一个流程。根据经验,这个流程是最难让学员去理解的。很多创业者本身已经有一些想法,而且付诸实践了,所以要想成功实现精益创业,可能需要抛开之前所有的已有想法,去专注客户需求。很多失败的创业者都有个通病,他们已经有现成的解决方案,然后一厢情愿地把它强加到客户头上,这个方法永远都行不通。创业者要针对客户,了解他们最大的问题进而提供解决方案,而不是拿现有的解决方案去套他们最大的难题。

4.1.5 精益创业,如何提高初创企业的生存率

创业的本质在于为用户创造价值,目前这是一个公理式的论断。但是,对于"由谁创造价值、谁来判断价值"的结论,历史上不同国家和地区走过了不同的探索之路。在美国,最大的价值是股东利益最大化,这一理念在通用电器的韦尔奇时代达到高峰;在德国,价值由工程师定义,于是产品和服务变得越来越复杂,如果用户觉得不好用,工程师就会认为用户太笨了,需对用户进行教育。

今天,这些理念已经过时。当下是用户定义的时代,本质的、稀缺的,才有可能成为改变本质的力量。同时需要特别强调的是,在精益创业的语境里,价值更是由用户定义且以用户价值为导向的。

为什么紧扣用户两个字?创业到底为了什么?很显然,还是为了价值的创造。为谁创造价值,价值由谁来定义?用户。这些问答回应的正是谁拥有最核心的价值。还有一点,就是找寻痛点在哪里。从前,定价权在制造商或者渠道商那里。互联网诞生后,定价权逐步转移到用户手里。每一个痛点都是一个机会,痛点越大,机会就越大。

精益创业最本质的两点是:如何定义并验证用户的痛点和提出解决方案。精,即少投入、少耗资源、少花时间,同时又确保高质量;益,即多产出、高效益。精益与创新的巧妙融合,可极大降低不确定的市场风险,提高创新的效率,让企业管理者专心做好三件事——做正确的事、

正确地做事、持续不断地做正确的事。

20 世纪 80 年代中后期，以沃尔玛为代表的打折型零售形态崛起，摧毁了原有的百货零售形态，市场集中度不断增加，整个谈判权、定价权发生了巨大的变化。1987 年是一个拐点，定价权第一次转移，不断向渠道倾斜，背后的核心逻辑就是渠道为王。

定价权的第二次转移，是互联网的诞生，卖方和买方信息的不对称第一次被消除，买方和卖方统一站在了同一个平台，定价权从渠道转移到用户手中，所以 2000 年以后，核心不再是以渠道为王，而是以用户为王，如谷歌、小米等。这也是一切创新和创业的底层逻辑，这是一个市场拉动的逻辑，而不是技术推动的逻辑。

如何来创造价值？硅谷著名风投家 Yinod Khosla（主要投资新能源和新技术）说："每一个痛点都是一个机会。"这句话还有后半句："痛点越大，机会越大。"

我们需要关注的核心焦点是：痛点能够驱动机会。那么如何定义、验证用户的痛点和解决方案呢？

"精益创业"认为：用户的痛点和解决方案在本质上都是未知的。人们所想象的痛点、解决方案和真实的痛点、解决方案存在着巨大的鸿沟。精益创业的框架是在不断高速试错、高速迭代中积累认知，从而到达彼岸，这个彼岸可能和之前设想的根本不是一个点。

火箭发射式创业的前提是创业路径可度量、创业参数可预测、创业背景可确定，精益创业则是完全相反的逻辑。

精益创业的五项基本原则如下：

（1）用户导向原则：从自我导向到用户导向；

（2）行动牵引计划原则：从计划导向到行动导向；

（3）试错原则：从理性预测到科学试错；

（4）聚焦原则：看见系统思维，单点突破、聚焦在最关键的天使客户上；

（5）迭代原则：从完美主义到高速迭代，可以从不完美开始，但是通过高度迭代、试错积累认知，最终相对逼近完美。

遵循了这五项原则，初创企业的存活率一定会有提升！

4.2　商业模式

4.2.1　商业模式概述

1. 商业模式定义

商业模式是包含了一系列要素及其关系的概念性工具，用以阐明某个特定实体的商业逻辑。它描述了公司所能为客户提供的价值，以及公司的内部结构、合作伙伴网络和关系资本等借以实现（创造、推销和交付）这一价值并产生可持续盈利收入的要素。

通俗地说,商业模式就是告诉别人我是怎么赚钱的。

2. 商业模式画布定义

商业模式画布是一种用来描述商业模式、可视化商业模式、评估商业模式及改变商业模式的通用语言。

商业模式画布的用途:能够帮助创业者催生创意、降低猜测、确保他们找对了目标用户、理顺流程、合理解决问题的工具。

4.2.2　商业模式画布作用

创业团队如何来讨论和完善商业模式? 如何向投资人描述一个商业模式? 在这里创业团队可以使用商业模式画布来实现有效沟通。

除了商业模式画布,在商业逻辑讨论的过程中还可以用到的工具包括:客户画像分析画板、商机分析画板、团队分析画板、商业模式图等,可以根据项目的特点选择相应的工具开展讨论。下面介绍如何应用 Alex Osterwalder 商业模式画布。

4.2.3　商业模式画布应用

1. 四个基本问题

在使用商业模式画布之前需要明确四个基本问题:

(1) 该商业模式为谁提供?

(2) 提供什么?

(3) 如何提供?

(4) 成本、收益各是多少?

只有在清晰回答上述问题的前提下,才可以应用商业模式画布讨论问题。

2. 商业模式画布的构成

Alex Osterwalder 商业模式画布通常由 9 部分构成,详见图 4-2 和表 4-1。

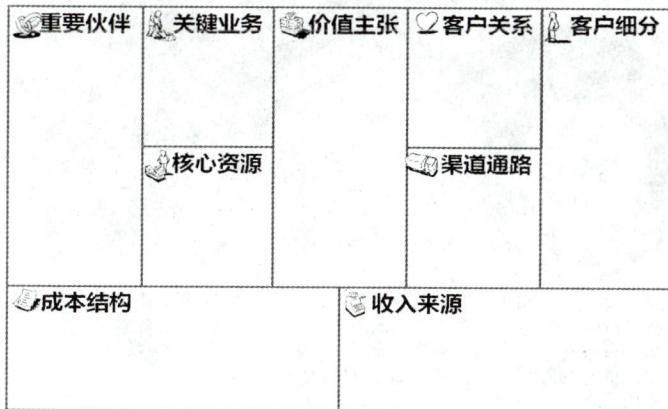

图 4-2　商业模式画布

表 4-1　商业模式画布的构成

序号	元素	需要解决的问题
1	客户细分	我们为谁创造价值？客户有什么特点？他们需要什么？谁是最重要的客户？
2	价值主张	服务或产品的价值是什么？客户为什么要购买该服务或产品？该服务或产品可以帮助客户解决什么样的问题？
3	渠道通路	如何接触到客户？哪些渠道最有效？哪些渠道性价比最好？我们的渠道如何整合？如何筛选出最佳的渠道投入资源？
4	客户关系	企业希望与客户建立和保持什么样的关系？维持这种关系的成本是多少？如何把客户关系和其他商业模式的其余部分进行整合？
5	收入来源	企业从每个客户群体中获取的现金收入有多少？客户为什么要付费？客户如何支付费用？客户更愿意如何支付费用？每个收入来源占总收入的比例是多少？
6	核心资源	为了实现企业的价值主张需要什么样的核心资源？如何把企业核心资源与外部资源进行整合？
7	关键业务	企业为了确保其商业模式可行，必须做的最重要事情是什么？实现价值主张需要哪些关键业务？这些关键业务如何保证收入来源？如何保护关键业务？
8	重要伙伴	谁是我们的伙伴？谁是我们的重要供应商？合作伙伴参与了哪些关键业务？
9	成本结构	最重要的固有成本是什么？哪些核心资源花费最多？哪些关键业务花费最多？

3. 如何使用商业模式画布

1）客户细分 CS（Customer Segment）

定义：用来描述一个企业想要接触的和服务的不同人群和组织。

需要解决的问题：我们为谁创造价值？客户有什么特点？他们需要什么？谁是最重要的客户？

客户细分可以细分为 5 类，如图 4-3 所示。

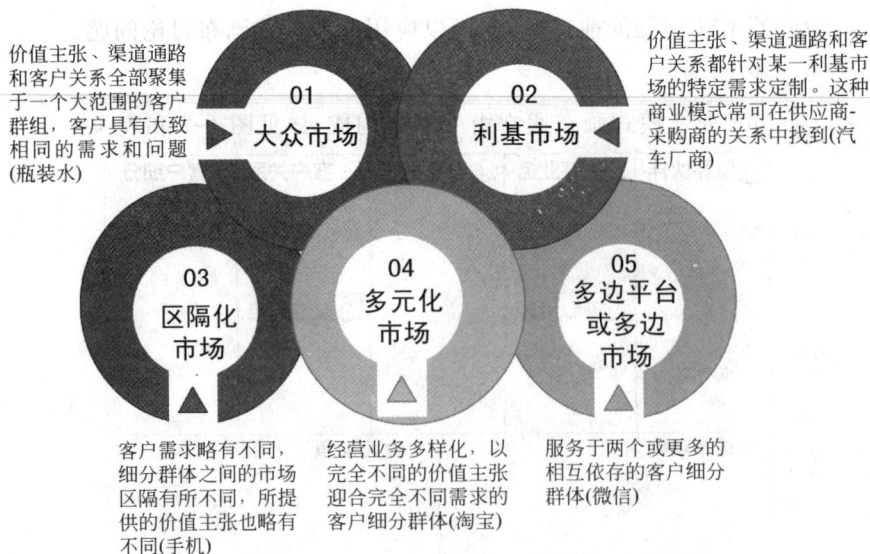

价值主张、渠道通路和客户关系全部聚集于一个大范围的客户群组，客户具有大致相同的需求和问题(瓶装水)

价值主张、渠道通路和客户关系都针对某一利基市场的特定需求定制。这种商业模式常可在供应商-采购商的关系中找到(汽车厂商)

客户需求略有不同，细分群体之间的市场区隔有所不同，所提供的价值主张也略有不同(手机)

经营业务多样化，以完全不同的价值主张迎合完全不同需求的客户细分群体(淘宝)

服务于两个或更多的相互依存的客户细分群体(微信)

01 大众市场　02 利基市场　03 区隔化市场　04 多元化市场　05 多边平台或多边市场

图 4-3　客户细分的 5 类

2）价值主张 VP(Value Proposition)

定义：价值主张既有和竞争对手相比拟的共性，又有比竞争对手更优更好的差异点，以及面向客户的个性化产品和服务策略。简单说价值主张是客户真实需求的深入描述。

需要解决的问题：服务或产品的价值是什么？客户为什么要购买该服务或产品？该服务或产品可以帮助客户解决什么样的问题？应该向客户传递什么样的价值？

企业的价值主张既是企业内部共同价值观，也是对外界传递的经营理念，可以用标语的形式表现出来。例如，小米始终坚持高品质、高性价比的价值主张，对应的标语是为发烧而生。不同的项目、不同企业的价值主张会有很大的区别，常见的价值主张如图 4-4 所示。

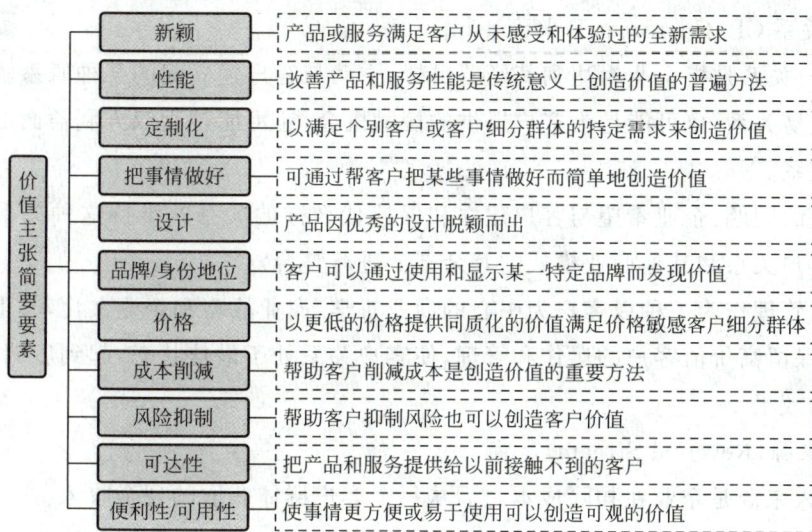

价值主张简要要素	新颖	产品或服务满足客户从未感受和体验过的全新需求
	性能	改善产品和服务性能是传统意义上创造价值的普遍方法
	定制化	以满足个别客户或客户细分群体的特定需求来创造价值
	把事情做好	可通过帮客户把某些事情做好而简单地创造价值
	设计	产品因优秀的设计脱颖而出
	品牌/身份地位	客户可以通过使用和显示某一特定品牌而发现价值
	价格	以更低的价格提供同质化的价值满足价格敏感客户细分群体
	成本削减	帮助客户削减成本是创造价值的重要方法
	风险抑制	帮助客户抑制风险也可以创造客户价值
	可达性	把产品和服务提供给以前接触不到的客户
	便利性/可用性	使事情更方便或易于使用可以创造可观的价值

图 4-4　价值主张简要要素

3）渠道通路(Channels)

定义：企业用以沟通，接触其客户细分而传递其价值主张的途径。

需要解决的问题：如何接触到客户？哪些渠道最有效？哪些渠道性价比最好？我们的渠道如何整合？如何筛选出最佳的渠道投入资源？

建立渠道的一般性过程如下：

（1）认知阶段。在该阶段需要让客户知道并了解我们，持续性通过各类渠道扩大客户群体对产品或服务的认知度。

（2）分析评估阶段。引导和帮助客户群体对产品或服务进行分析评估，最终获得客户群体对产品或服务价值主张的认可。

（3）销售的渠道。该阶段的工作在于让客户在购买我们的产品或服务过程中获得更好的用户体验。

（4）价值输出阶段。销售出去产品或服务并非最终目的，这也是很多创业者存在误解的地方，产品和服务的价值主张的实现，也就是客户最终体验的结果，是创业者应当关注的问题。

例如,饭店销售菜品,最重要的是味道和环境服务体验,而非单纯销售菜品。

(5)售后阶段。良好的售后是价值主张得到认同,获得稳定客户关系的基础。售后常见的形式有电话回访(随机回访、调研回访、体验回访等)、上门检验、微信回访等。不同方式所接触的客户数量、资源消耗各不相同,因此,创业团队要慎重选择售后阶段渠道通路,在客户体验和成本之间找到平衡。

常见的营销渠道类型有:批发商、代理商、零售商、连锁经营、特许经营、生产企业自营销售组织、网络销售。进入互联网时代之后,特别是移动互联网时代首选的渠道是网络营销、微信营销。

4)客户关系 CR(Customer Relationships)

定义:客户关系是指企业为达到其经营目标,主动与客户建立起的某种联系。这种联系可能是单纯的交易关系,也可能是为客户提供的接触机会,还可能是为双方利益而形成某种买卖合同或联盟关系。

需要解决的问题:企业希望与客户建立和保持什么样的关系?维持这种关系的成本是多少?如何把客户关系和其他商业模式的其余部分进行整合?

客户关系管理作为一种以客户为中心的商业哲学、商业战略和企业文化,其重点是关注于吸引、满足和保留高价值客户的运作和管理,使客户关系处于最佳状态,起到后端营销,建立长期合作关系的效果。

5)收入来源(Revenue Stream)

定义:收入来源是企业在扣除成本之后从每个客户群体获取的现金收入。

需要解决的问题:企业从每个客户群体中获取的现金收入有多少?客户为什么要付费?客户如何支付费用?客户更愿意如何支付费用?每个收入来源占总收入的比例是多少?

企业的盈利状况可以通过毛利率来计算,毛利率是一个衡量盈利能力的指标,通常用百分数表示,其计算公式为:毛利率$=\sum$[销售数量×(单位售价-单位成本价)]。毛利率一般分为综合毛利率、分类毛利率和单项商品毛利率。衡量整体盈利能力,可以看综合毛利率,其计算公式为:综合毛利率=(综合营业收入-综合营业成本)/综合营业收入。

6)核心资源(Key Resources)

定义:创业成功需要团队支持,企业运营需要各类资源,明确企业有效运转所必需的最重要的资源,并配置各类资源对创业团队来说是非常重要的。需要注意的是不同的商业模式所需要的核心资源不同,如产品生产模式更关心的生产设施,设计研发模式更关心人力资源等。

需要解决的问题:为了实现企业的价值主张需要什么样的核心资源?如何把企业核心资源与外部资源进行整合?

通常认为核心资源的分类如图 4-5 所示。

7)关键业务(Key Activities)

定义:企业为了确保其商业模式可行,必须做的最重要的事情。

60

包括生产设施、不动产、系统、销售网点和分销网络等

金融资源或财务担保，如现金、信贷额度或股票期权池

包括品牌、专有知识、专利和版权、合作关系和客户数据库

良好的教育，较高的专业素养，协调能力、融合能力、判断力和想象力

实体资产

知识资产　　金融资产

人力资源

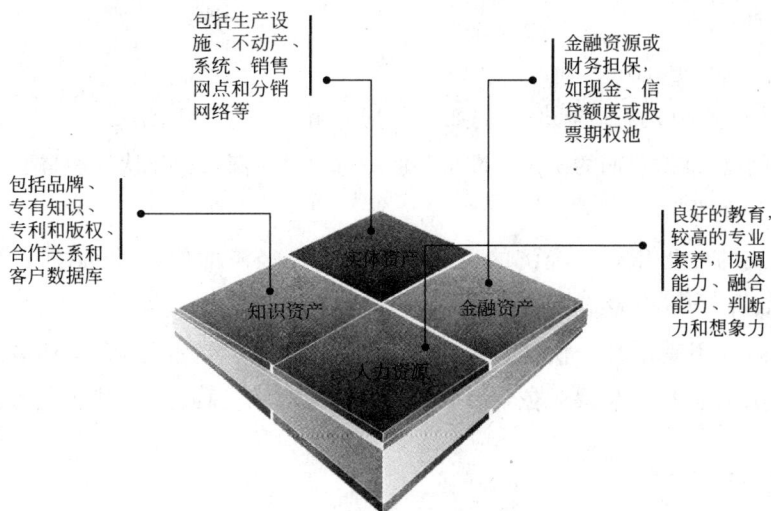

图 4-5　核心资源分类

需要解决的问题：实现价值主张需要哪些关键业务？这些关键业务如何保证收入来源？如何保护关键业务？

任何商业模式都需要多种关键业务活动，这些业务是企业得以成功运营所必需的。关键业务是创造和提供价值主张、构建渠道、维系客户关系并获取收入的基础。

关键业务可以分为以下 3 类，如图 4-6 所示。

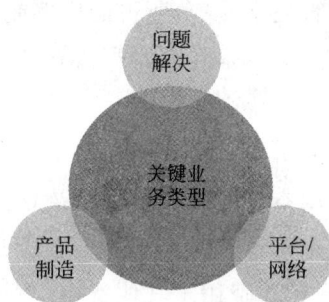

问题解决

关键业务类型

产品制造

平台/网络

图 4-6　关键业务分类

（1）产品制造（Production）。这类业务活动包括产品数量、质量、交付时间、成本核算等内容，涉及产品设计、生产制造及物流配送等业务。产品制造是制造业的商业模式核心。

（2）问题解决（Problem Solving）。这类业务指的是为个别客户的问题提供新的解决方案，如咨询公司、医院和其他服务机构的关键业务是问题解决。它们的商业模式需要知识管理和持续培训等业务。

（3）平台/网络（Platform/Network）。以平台为核心资源的商业模式，其关键业务都是与平台或网络相关的。网络服务、交易平台、软件都可以看成平台。微信的商业模式决定了微信需要持续地吸引用户，导入流量和升级其平台以提供更多的功能。此类商业模式的关键业务与平台运维、服务提供和平台推广相关，以及通过构建基于该平台的生态，不断加强平台在各

个领域的垄断地位。

8）重要合作（Key Partnerships）

定义：企业让商业模式有效运作所需要的供应商和合作伙伴网络。

需要解决的问题：谁是我们的伙伴？谁是我们的重要供应商？合作伙伴参与了哪些关键业务？

建立合作关系的作用如下：

（1）商业模式的优化和规模经济的运用。建立规模经济的伙伴关系，通过外包或基础设施共享，可以有效降低研发、生产、销售成本。

（2）降低风险和不确定性。伙伴关系可减少以不确定性为特征的竞争环境的风险。

（3）特定资源和业务的获取。依靠其他企业提供特定资源或执行某些业务活动来扩展自身能力。

合作关系类型有：

（1）在非竞争者之间的战略联盟关系；

（2）在竞争者之间的战略合作关系；

（3）为开发新业务而构建的合资关系；

（4）为确保可靠供应的购买方—供应商关系。

9）成本结构（Cost Structure）

定义：成本结构亦称成本构成，产品成本中各项费用（如人力、原料、土地、机器设备、信息、通路、技术、能源、资金、政商关系、管理素质等）所占的比例或各成本项目占总成本的比重。

需要解决的问题：最重要的固有成本是什么？哪些核心资源的花费最多？哪些关键业务花费最多？

解决上述问题，需要开展成本分析。成本分析是利用成本核算及其他有关资料，分析成本水平与构成的变动情况，研究影响成本升降的各种因素及其变动原因，寻找降低成本的途径的分析方法。一般情况下成本包括：主营业务成本＋其他业务成本＋营业外支出＋主营业务税金及附加＋管理费用＋财务费用＋销售费用＋其他费用。

固定成本：无论是否生产，是否销售都会发生的费用，如租金、工资、设备等。初创企业，固定成本越低越好。要尽可能把固定成本转为可变成本。

可变成本：按照生产和销售量的比例发生的费用，如业绩提成、生产消耗、销售相关的差旅和活动、消费者促销奖励等。

案例 4

商业模式画布游戏

游戏目的：通过商业模式画布游戏，检测和反思某个商业模式。

游戏人数：1～6 人。较好的做法是迅速独立构思并描绘出各自的想法。但是，为了将个人的想法与某个组织现有的或是即将出现的商业模式联系起来，应该和其他人一起共同工作。参与者的背景差异越大，描绘出来的商业模式越精确。

游戏时间：建议的大致时间为，个人单独的工作时间需要 15 分钟；构建某个企业组织现有商业模式需要 2～4 小时；开发未来的商业模式或是初创的商业模式需要两天左右的时间。

游戏规则：打印一副放大后的画布或是在墙上画一个画布，将要讨论的条目列在上面。商业模式画布的模板可以从网上下载。游戏开始时确保每个人都有马克笔及不同颜色和大小的便利贴。可以将结果拍下来，便于分享，如图 4-7 所示。

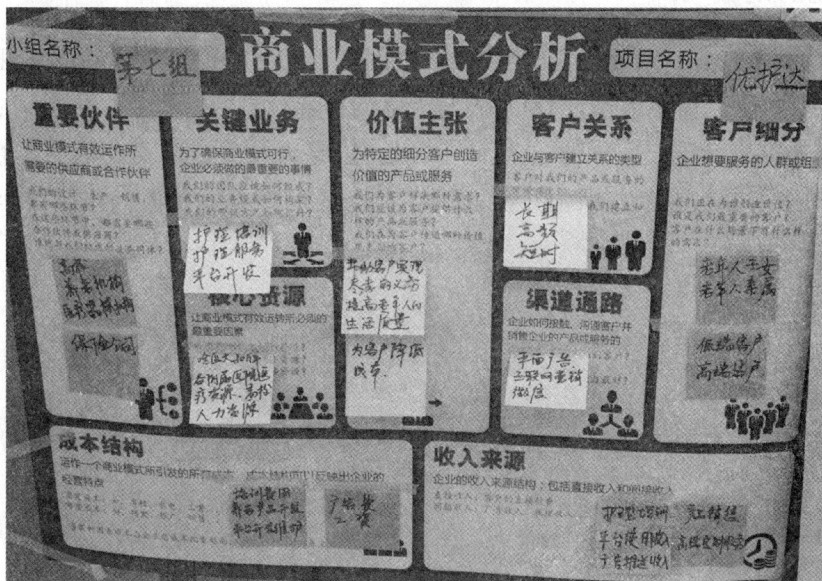

图 4-7　商业模式画布的条目罗列

1. 开始构建商业模式时，首先让大家描绘企业所服务的客户细分市场。参与者根据客户细分群体的不同，将不同颜色的便利贴贴在画板上。每组客户代表着一个特定的群体，如他们有特定的需求，而你得向他们提供特定的价值主张（产品/服务），或他们需要不同的渠道通路、客户关系或收入来源。

2. 参与者描述企业对每个客户细分提供的价值主张的理解，即反映出每类客户细分的价值主张。参与者应当使用相同颜色的便利贴代表每个价值主张和对应的客户细分群体。如果每一个价值主张涉及两个差异很大的客户细分群体，那么应当分别使用这两个客户细分群体对应颜色的便利贴。

3. 参与者使用便利贴将该企业商业模式中所有的剩余模块标识出来。相关客户细分群体始终坚持使用同一颜色的便利贴。

4. 映射出整个商业模式后，可以开始评估该商业模式的优劣势。将绿色（代表优势）和红色（代表劣势）的便利贴贴在商业模式中运行良好的模块和有问题的模块旁边。除了用绿色和红色标注优劣势，也可以在便利贴上标出"＋"和"－"号分别标注优劣势。

5. 基于某企业的商业模式的图形化表达方法,即参与者通过步骤 1~4 所产生的画布,选择对现有商业模式进行改进,或创建出另外一个全新的模式。在理想情况下,参与者使用一个或几个商业模式画布来体现改进的商业模式或新的替代模式。

4.3 沟通能力

4.3.1 沟通的定义

《大英百科全书》指出,沟通是"互相交换信息的行为"。《哥伦比亚百科全书》指出,沟通是"思想及信息的传递"。简单地说,沟通是人与人之间传递信息,传播思想,传达情感的过程,是一个人获得他人思想、情感、见解、价值观的一种途径,是人与人之间交往的一座桥梁,通过这座桥梁,人们可以分享彼此的感情和知识,消除误会、增进了解,达成共同认识或共同协议。

4.3.2 沟通的原则

要想达到高效和理想的效果,沟通必须遵循一定的原则,主要有以下几点。

1. 可信赖性原则

沟通要建立在基本了解、彼此信任的基础之上,只有本着坦诚相待的态度,沟通才是有必要和有效的。

2. 内容可受性原则

沟通内容必须与受众有关,方能引起他们的兴趣,满足他们的需要。

3. 表达明确性原则

沟通之前,要进行相应的言语准备和信息组织,以使表达简洁明了,易于对方接收、接受。

4. 积极主动原则

要本着积极主动的态度与对方沟通,并根据情境变迁、内容变化作相应的调整,同时学会倾听,从而使沟通过程持续、连贯、和谐地开展下去。

5. 因人而异原则

沟通必须考虑受众能力的差异(包括注意能力、理解能力、接受能力和行为能力等),采取不同方式方法进行沟通,才能使沟通的内容容易被对方理解。

4.3.3 创新创业导师需要构建特殊的"沟通场景"

1. 创新创业导师们面对的都是真实的创业者

创业者们普遍个性很强——这是他们踏上创业之路的重要源动力。完全用心理认同、倾听等传统沟通技巧,显然很难得到他们真正的信任和尊重——会得到他们的善待,却很难与他们共事!

另外,创业者们做事的目的性和目标性都很强。市场不允许,他们也不会花大量的时间去研究更多的学术、理念、思维——他们要的永远是结果、结果、结果!

2. 创新创业导师们面对的是一个团队而不是个人

创业团队中的成员个性不同,需求也不同。甚至在更多的情况下,一个团队中的成员还会经常产生变化——创业团队永远不会是稳定的。

3. 创新创业导师们面对的是真实的项目和案例

创业过程不是学术研究。这里面没有假设。每个创业者都是投入"真金白银"——甚至生命,为项目的发展而奋斗、拼搏。

4. 创新创业导师们的咨询业务是一个持续性非常强的连贯过程

心理咨询师和职业顾问们的咨询,往往是单独的、相互割裂的沟通过程。每次沟通,当场出"结果"——不必在意一段时间内周边资源、环境、项目的变化。

创新创业导师的业务却完全不同。他们的"标的物"是项目,项目的运营和发展是一个连贯的过程。而且,在这个过程中,无论是项目团队,还是外部市场和周边的利益相关方,一切都在改变。而创新创业导师的咨询和方案也必须随之改变。

在某种意义上,对于创新创业导师来说,唯一不变的,是一切都在变!

当然,场景不同,创业者团队对于创新创业导师自然会有不同的"需求"——如果去界定咨询师的身份,心理咨询师可以是"旁观者";职业顾问可以是"建议者";而创新创业导师必须是"参与者"和"引导者"。

5. 创新创业导师应该是具有影响力的创业领袖

如果用军队中的职位去类比咨询师的身份,那么心理咨询师可以是政委,职业顾问可以是参谋,但创新创业导师必须是一个军事主官,他可以是团长、师长,甚至军长。

一个年轻的创业者,带着一个不稳定的创业团队,凭借一个不成熟的创业项目,进入一个不确定的创业市场。这个时候,创新创业导师必须站出来,为创业者充当强大的心理支撑,同时和他们一起找到突破的方向。

6. 创新创业导师需要具有成熟的项目策划与运营能力

具象思维和"具象法"永远是沟通过程中常用的最佳方法,能够让沟通对象快速理解导师思维的最佳方法也永远是"视觉冲击"。

案例沟通,甚至是本例(自有案例)永远是最有效的沟通方式。一方面可以帮助创业者更透彻地了解思维和理念,另一方面可以提升创业者对导师的信任感——更加有利于后面的沟通与合作。

另外,如果能在创业训练营中利用"案例教学",可以让学员参与其中,共同围绕一个项目,逐步理清创业、商业模式设计、新零售、新营销的脉络,可以更有力地激发学员参与创业的兴趣。

7. 创新创业导师应该拥有一定的资源整合与配置能力

正所谓"巧妇难为无米之炊",一次可执行的咨询与指导,必须依托真实的平台和资源的支撑。所以,创新创业导师需要为创业者打造出一个"取之不尽、用之不竭的资源库"。这也是一个优秀的创新创业导师需要多年的磨炼与积累的原因。

过去常说:"师者,传道、授业、解惑"。到了"互联网+"时代,创新创业导师的责任必须增加一项,就是"助业"——不但要指明道路,还要"扶上马,送一程"!

因此,人们时常会把"互联网+"时代的创新创业导师比喻成"自由的孵化器+天使投资人的集合体"!

4.3.4　不同需求需要导师们具备不同的技能

正所谓"曾经沧海"方能"难为水"。一个人的情商,更多地取决于他的经历和阅历,"沟通技能"也是如此。

倾听、互动、写作、演讲等沟通技巧的掌握程度是一回事,遇到真正的案例时,能够如实发挥出来的水平又是另外一回事——这完全取决于创新创业导师丰富的经历和经验。

对于这个话题,经常会用篮球运动员举例:

一个职业篮球运动员和一个初级爱好者,在球场上做的动作其实是基本一样的——三五个基本动作。然而,二者之间的差别就是体能和临场发挥——这些都是需要经长年累月的练习、比赛才能得到的,而创新创业导师的情况也是如此。可以认为创新创业导师的"沟通技能"是一个典型的"冰山模型",如图 4-8 所示。

图 4-8　冰山模型

面对面的倾听、咨询(一对一沟通)、教练(私董会,团队沟通)、写作(文字沟通)、演讲(群体沟通)等技能,是整个冰山浮出水面的一小部分,这些技能和技巧很重要。这些都应该是一个成熟的职业人所必备的素质——不应该成为创新创业导师再去关注和学习的内容。

起到决定性作用的,是隐藏在海面以下的基础部分,包括学识、阅历、资源储备和"互联网+营销"技能。

　　如前所述,如果仍然用职业篮球运动员来举例:传统的写作、演讲、沟通技巧就像运球、传球、投篮等基本动作,想进入国家队,就应该达到相当高的水平——需平时自己多多练习。

　　学识、阅历、资源储备如同运动员的经验——需要多年的积累,而"互联网＋营销"技能就像运动员的体能训练——需要多学、多练,可以在短时间内得到提升。

　　因此,可以认为广大创新创业导师和希望成为创新创业导师的伙伴需要补充和提升的重要技能,就是"互联网＋营销"技能。

　　可能世界上两件事最难:一是把自己的思想装进别人的脑袋;二是把别人的钱装进自己的口袋。前者成功了是老师,后者成功了是老板。"互联网＋"时代的创业者,需要在"把自己的思想装进别人的脑袋"的同时,"把别人的钱装进自己的口袋"——这是难上加难的事情。

　　作为创新创业导师,在面对这样的创业者的时候,就需要更加强大的"互联网＋营销"技能,才可能影响到这些精英中的精英!

　　"互联网＋营销"技能与传统的营销技能相比,增加了"营销模式策划技能"和"社会化资源的整合与配置技能"。可以说是对希望成为创新创业导师的伙伴们提出了更高的要求:想成为创新创业导师,首先需要拥有创业者思维;把自己当成一个"互联网＋"时代的独立经济体去经营。

　　互联网的发展,让"独立经济体"从商业社会的"边缘"走到了"前台"——企业和平台从"掌控职业发展"的主导地位走向了"为个体赋能"的辅助地位。而"阿米巴""无边界职业生涯"等先进理论又推动了这种状况的发展。在这种情境下,创新创业导师们应该主动成为"个人有限公司"的倡导者和示范者需要达到以下两方面要求:

　　一方面,创新创业导师应该让自己的服务"产品化"。更加符合互联网高速发展的节奏需求。产品化的特点有两个:细分、品牌,即"能够快速解决创业者某一方面的特定需求",并快速地,在一定范围内被广泛认可(与客户建立连接)。之后才是谋求建立长期稳定的合作关系。

　　另一方面,创新创业导师应该让自己的职能"综合化"。"综合化"和"产品化"两种思维貌似相悖,实则相通——这是事物的正反两面,即专业和连接。只有自己做到"专业",才可能与更多"专业人士"建立连接。这也是近几年斜杠青年和无边界职业生涯的理念盛行的思想基础。业务职能"综合化"实际上是强调单一技术的多元化应用能力和商业链条上多个环节的社会化整合能力。具体如下:

　　(1)一个成熟的创新创业导师,应该让自己的个人定位"领袖化"。把自己打造成真正的意见领袖(KOL)。移动互联网时代是"多中心化"的时代。只有成为商业网络中的"节点"(分支中心),才有机会"连接"更多的节点和资源。成为领袖,成为节点,连接更多的节点,影响更多的粉丝。这是移动互联网时代给每个创新创业导师赋予的使命。

　　(2)一个成熟的创新创业导师,必须把自己打造成互联网时代的"自媒体"。互联网时代的媒体思维核心:人,即媒体——内容的制造主体!而一切传统媒体都变成了"内容"的传播工具。这是自媒体的思维基础。

　　创业导师只有把自己打造成"互联网＋"时代的自媒体,才会有机会创造、传播更多的内容。同时,只有自己成为自媒体,才有机会获得更多的传播渠道——得到与更多人沟通的机会。

　　(3) 一个成熟的创新创业导师,必须拥有专业的资源整合与调配能力。在互联网时代,是成为业务的执行者(专家),还是资源的调配者(经纪人),更多的导师显然选择了前者——这应该是大家的习惯性思维,但互联网时代给了导师成为后者的机会。

　　互联网时代的最大特点是"连接"——人人互连,万物互连。只有连接,才能获得更多的资源,创造更大的价值。营销的本质就是连接;而教育是世界上最好的营销。因此,创新创业导师——专业的创业教育主导者,本应该成为互联网时代最佳的"连接推动者"。连接更多的资源,调配更多的人力、物力,通过社会化的运作,帮助创业者创造更多的价值,是每个创新创业导师的使命。

　　很好地完成了这些使命的创新创业导师,在与创业者沟通过程中,底蕴会更加丰富,心态会更加平和,思维传递的过程会更加顺畅,对创业者的支持也会更加稳定。

　　对于创新创业导师来说,是成为业务的执行者(专家),还是资源的调配者(经纪人),其实只决定于"思维"和"心态"。

4.4　教　练　技　术

4.4.1　什么是教练

　　什么是教练?在大家普遍的认知里,只有运动员才需要教练,教练跟寻常人有什么关系?ICF(国际教练组织)对教练的定义是:教练是客户的伙伴,通过发人深省和富有创造力的对话过程,最大限度地激发个人的天赋潜能和职业潜能。其实简单地说,教练是这样的一门技术(过程):本质上是一种谈话,是教练与被教练者之间进行的建设性、结果导向的谈话;是提出问题,而非提供答案,教练和被教练者共同确定目标,提出行动计划;是关于改变的,教练的过程是一次心智模式改变之旅。

　　教练技术是应用对话的方式,帮助当事人发掘自身的潜能、克服障碍、实现目标的一门学问,是一门支持当事人持续变革与成长的学问。教练技术的核心就是研究如何进行变革和创新,最终实现个人和组织的梦想。学习和应用教练技术已经成为社会进步和变革、人们追求成功快乐的一种大趋势。

　　教练起源于 20 世纪 70 年代的美国,英文单词是"Coach",它的原意是四轮马车,而马车是将人们送到想要去的地方,后来 Coach 的意思引申为"训练、指导"。

　　近几年,教练技术已经成为著名大学的热门课程,2016 年美国已经有 40 多所大学开设了教练项目:包括哈佛大学、耶鲁大学、哥伦比亚大学、加州大学、华盛顿大学等。英国、加拿大等国的大学也陆续开设了相关项目。教练技术已成为仅次于信息技术产业的全球增长速度第二快的产业。今天的教练技术科学已经远远超出了最初体育教练的意义和范畴,而是一个更深远广博的思想领域、技术领域、应用领域,如企业教练、管理教练、婚姻教练、亲子教练等。

4.4.2　教练与心理治疗、培训、咨询等行业的异同

教练专业拥有涉及范围很广的方法,与心理治疗、培训、咨询和指导等行业有一些相同点,也有很多关键的不同点。

心理治疗:针对的是那些想从心理或生理上的病痛中摆脱出来的人。客户想要精神上的康复。客户寻求治疗或辅导的动机通常是从痛苦或不舒服的状态中摆脱出来,而不是朝着期望的目标前进。治疗更可能涉及对客户过去的体验的理解,并在这方面做工作。培训:是通过学习和体验获得知识或是技能的过程。老师、培训师通常是专家,而且学生是直接学习的。学习者有很多问题要问,老师拥有答案。培训通常关注技巧,只是方法不同,学生从老师和培训师那里直接学习。咨询:咨询师拥有专业知识来解决企业运作中的问题,通常关注企业的整体或是其中某一具体部分,并不和其中的个人打交道。指导:一个导师就如同一位年长的同事,他会提出建议并提供学习的榜样,指导工作并不像教练工作那样把焦点放在目标上,而且讨论的范畴也非常广泛。一个导师通常在与客户企业相关的领域有大量的经验。

教练工作在解决问题的方法方面是具有创造性的,而治疗是具有治疗性的;在对整个企业的影响方面,教练的作用通常是间接的,而咨询相对是直接的;在关注的时间方面,教练关注的是客户的现在和未来,而治疗关注的是过去;在关系中的角色方面,教练是提出问题,培训是给出知识和答案,在采用的方法方面,教练是促使行动,心理治疗更多的是给予理解;在客户商务领域的经验,教练不必具有但需要了解,对于指导来说具有客户商务领域的经验是至关重要的;在支持的对象的数量方面,教练是一对一,尽管也有一对多的情况,称为团队教练,但培训只是一对多。与培训、心理治疗、咨询、指导等其他助人的专业相比较,教练有自己独特的方式,如教练致力于帮助被教练者获得未来的目标、成果、解决方案,而不执着于过去的问题产生的原因;不提供建议和答案,而是帮助被教练者反思、觉察,促使被教练者自己找到答案。教练是一种有动力的对话过程,通过激发被教练者内在的卓越性去行动、改变。

4.4.3　埃里克森体系教练理念的五大原则

教练技术分不同的流派,不同的流派也有各自的原则和理念。教练技术的流派有埃里克森体系、韩国的 PAUL 体系、共创式教练、NLP 教练等不同的流派体系。

埃里克森体系的教练理念秉承五大原则:

(1) 每一个人都是 OK 的,都有其独特之处;

(2) 每个人都具有成功快乐的资源;

(3) 每个人都会做出当下最优的选择;

(4) 每一个行为背后都有正面的意图;

(5) 改变不可避免。

作为一个人,你有机会努力实现自己的目的、目标、人生意义。努力的本身也会带来改变。五大原则有助于你站在"帮助他人做出改变"的立场上,聆听他们的想法,有效与其沟通。当你选择用埃里克森五项原则进行沟通,也就是当你选择了去听、去感受、去信任他人的一致性的时候,无论故事如何发展,你都在让自己和他人变得更伟大。当埃里克森的五个原则与你的思维和内心相结合时,你将通过埃里克森基本原则去观察人们,你将带给你的客户转化式的体验,能为你及你的客户带来最宽广、最强大的内在价值,帮助客户走向自我重塑。

这些理念你认同吗？或许每个人都有各自不同的理念,但作为一个大师级的教练,这些理念是深深融入思想里,融入血脉中的……

4.4.4 教练的状态和核心技能

国际教练联盟(ICF)认证的大师级教练迈克尔·斯特拉特福特认为,教练状态应该包含五个维度:尊重、好奇、空间、勇气、视角。当然教练状态还包含其他的一些要素,但这五个维度是作为一名教练在面对客户时所应具备的最基本、最重要的状态。

国际教练联盟(ICF)对教练的 11 条核心技能的说明和要求如下:

1. 守道德准则及职业标准

理解教练的道德准则及职业标准,并能在任何教练情境中适当地运用。

2. 建立教练关系

有能力理解在具体的教练关系中需要什么,并与潜在新客户就教练过程及关系达成一致。

3. 与客户建立信任及亲密感

有能力建立安全的、支持性的环境,以保持持续的彼此尊重与信任关系。

4. 教练的状态

有能力保持完全的清醒、与客户建立自然而然的关系,树立开放的、灵活的、自信的风格。

5. 积极聆听

有能力全神贯注于客户正在讲及没有讲的事情,理解客户话语中表达出的期望,支持客户自我表达。

6. 有力发问

有能力问出可以带来所需要的信息的问题,这些问题应该能使教练关系和客户的利益最大化。

7. 直接沟通

有能力在教练时有效地沟通,并使用可对客户产生最大积极影响的语言。

8. 创造认知

有能力整合并准确评估多个来源的信息,做出解读以帮助客户获得认知,从而达到之前达成一致的期望的结果。

9. 设计行动计划

有能力与客户一起创造这样的机会:在教练过程中及在工作/生活环境下不断地学习;采取最有效的可以促成结果达成的新行动。

10. 计划和目标设定

有能力与客户制定并维持有效的教练计划。

11. 管理进展情况及确定责任

有能力把注意力放在对客户来讲重要的事情上,并且赋予客户采取行动的责任。

在以上 11 条核心能力的说明之后,每一条都还有更为详细的具体的说明和要求,也有更为明确的学习工具和检核方法。例如,第 6 条有力发问,ICF 是这样定义的:提出问题的能力,而这些提问所揭示的信息可以让教练关系及客户受益最大,具体如下:

(1) 问出的问题应该反映出积极聆听以及对客户观点的理解;

(2) 问出的问题应该激发探索、洞察、承诺或行动(例如,那些挑战客户的假定的问题);

(3) 问出开放式的问题,这些问题应该创造出更清晰的想法、更多的可能性或者产生新的学习;

(4) 问出的问题应该使客户向他们的希望前进,而不是让客户做出辩解或者回头看。

爱因斯坦曾说:问题即答案……如果我有一个小时的时间来解决某个问题,而该问题的答案关乎我的生活,那我会用前 55 分钟来确定一个适当的提问,因为一旦我知道了合适的问题,那我就可以在 5 分钟之内解决它。提问问题可以有开放式问题和封闭式问题,问题可以关于聚焦目标、认清现状、支持关系、拓展资源、承诺行动等多方面的。

例如:

➤ 对你来说,成功意味着什么? 为什么对你那么重要? 你怎么就知道你成功了?

➤ 假如五年后你的目标实现了,会是怎样的画面?

➤ 什么样的能力提升能最好地支持你实现你的成功?

➤ 实现目标你面临的挑战有哪些?

➤ 什么是达成目标的关键要素?

➤ 现在你发现什么是有可能被忽视的问题?

➤ 既然有这么多困难,为什么你还想要实现这个目标?

➤ 当这些实现后人们会如何评价你?

➤ 还有哪些人会因为你目标的实现而受益?

➤ 实现目标的过程中你会采取哪些尝试?

➤ 假如要更轻松地实现目标,你要做哪些改善?

➤ 哪些行为的改变是实现目标的关键?

➤ 你如何保证这些行动会真的实现?

➤ 你打算在什么时间具体做什么?

➤ 我如何能够知道你做到了?

由此可见,教练技术是一门系统的、严谨的科学,同时也是科学性和艺术性的结合。科学性方面是因为有大量的工具、流程和模型,艺术性方面有各项能力的要求,为客户创造感受和体验的不同,每个教练也有自己个人的风格。在艺术性的提升方面,需要进行大量的练习、体验和领悟,才能流畅、自然,给予空间,不断地走向大师之旅。就好像中国的山水画,浓密刚柔,浓淡干湿,或泼墨或留白,创造出灵动深邃的美的意境。

4.4.5 教练的对话流程

教练的对话通常为35～40分钟,可以通过面对面的形式,也可以通过电话或视频的方式进行。在这个对话过程中,教练和客户是一种同盟关系,双方共同定义这种关系的结构,以支持客户达到目标。教练并不定义事情"应该"怎样,但是教练有责任帮助客户厘清客户想要的是什么,客户的现状是什么,还有如何做到的行动方案。如何从这里到那里,如何从现状到想要的状态。客户获得的更多的结果是来源于习惯的改变和思维方式的改变。教练给客户创造了一个安全的、可以探索的和自己负责的空间。我们太容易陷入对别人的评判和给建议的情形中,但成功的教练是一次又一次地支持客户相信他们自己是有能力找到解决办法的,他们清楚什么能够驱动他们的行为。

在埃里克森体系中,教练的对话有一定的框架要求。通常一个完整的教练对话分为六个步骤:建立亲和、设定目标、目标体验、行动计划、检视价值和嘉许客户。每个阶段有支持对话的工具和要求。每一个步骤都不可缺少,但重中之重在于目标的设定,也就是拿到合约。合约拿得准就成功了一大半。对于一个初学者,开始时往往限于自己的对话模式,忽略其中的一些步骤,以个人的经验,只要牢记完整的教练对话流程,每一步都完整地走下来了,无论多少都会支持到客户的成长和发现,为客户创造出价值。

4.4.6 教练与创业辅导

自从20世纪70年代,教练的应用已经扩展到企业、亲子、生活等领域,如何更好地理解教练呢?管子是先秦时期的重要政治家、军事家、道法家,在其著作《管子·心术上》有:"毋代马走,使尽其力,毋代鸟飞,使弊其羽翼。"意思是:不代替马儿去行走,让马儿自己奋力前奔;不代替鸟儿去飞翔,让鸟儿自己振翅高飞。这应该是国人关于教练智慧的最早的陈述了。

全球第一CEO杰克·韦尔奇曾经在公开场合不止一次地提出:"伟大的领导人,一流的,是最伟大的教练"。2004年的"杰克·韦尔奇中国行",他在与中国的企业家进行对话时,再次强调"伟大的CEO就是伟大的教练"。退休后,他终于实现了在任时就想成为一名出色的企业教练的愿望,在接受阳光卫视杨澜的采访"退休后的打算时",曾回答"退休后想静静地做一名教练"。

美国NLP大学执行长、《SFM卓越元素解码》创始人罗伯特·迪尔茨,现担任IBM、奔驰、苹果、hp、AMERICAN EXPRESS、WORD BANK等多家知名企业的教练。爱因斯坦说过,想象力比知识更重要。教练对于企业家来说,带领团队创造未来、将事业做强做大、从逆境中崛起、帮助客户实现原本以为不可能实现的事情,并且是因为你提供的独特的方法或工具使不可能成为可能。企业家的任务就是去开辟一条全新的道路,这条道路是充满冒险和各种不确定性的路。罗伯特·迪尔茨的卓越元素解码就是身为一个企业家或领导者,会提供一个方向并以身作则,以此来影响参与者在更大系统的背景下朝着目标迈进。《NLP 卓越元素解码》从企业家的个人与心灵成长的、自我的内在满足感开始定义,到外部的财务稳健、可衡量的持续的成长、改变游戏规则和发现新的发展、有意义的贡献四个维度,是用圆圈的方式来代表关键行为及所有核心成果间的关系,其中个人本身(热情、愿景、雄心、使命、角色)、其目标、动力在内圈,外环是四个象限,分别是顾客/市场、团队成员/员工、股东/投资者、合伙人/同盟,通过整合内、外部所需要的成果、行为和思维模式,支持企业家建立真正卓越的且可持续的事业。

4.4.7 适用于创业辅导的教练技术工具

除了对教练核心能力的掌握之外,在教练技术中也有大量的、具体的、易于掌握的工具。当然不同的教练流派也有不同的工具,个人认为有一些用于创业辅导的工具能够帮助创业者在创业项目的厘清和实现、个人的认知、时间管理、人际关系、幸福人生及个人状态等方面起到非常大的支持作用。因篇幅所限,无法详细展开说明,在此仅简单列举如下:

- 小妖习惯及其工作原理;
- 贝克哈德改变:支持变革和创新的工具;
- 人生平衡轮;
- 逻辑层次;
- 五个感知位置;
- 时间线;
- 重要事项强制性排序与时间管理;
- 整合意识和超意识的三把椅子的头脑风暴;
- 让梦想实现的迪士尼策略;
- 计划和成就实现的四个阶段;
- 利益相关者分析;
- 价值观桥接;
- 建立胜利信念系统。

教练技术是一门关于创造变革、探索可能性和个人承诺的科学。作为一名创新创业导师,如果能够放下自我原有的认知,将关注点和视线放在创业者的身上,用开放、好奇的心态去支持创业者去,面对各种挑战,打造属于自己的世界,拥抱属于自己的成功,这种成功是导师和创业者共同的成功,是智慧的体现,是发展迅猛的未来趋势。

4.5 创 新 方 法

4.5.1 概念

1. 创新的含义

首先谈一下什么是创新。管理学家彼得·德鲁克认为:创新是有系统地抛弃昨天,有系统地寻求创新机会,在市场的薄弱之处寻找机会,在新知识的萌芽期寻找机会,在市场的需求和短缺中寻找机会。

熊彼特提出"创新"就是建立一种"新的生产函数"。在熊彼特看来,一个正常、健康的经济,不是处于平衡状态,而是不断受到新技术的"干扰"。

创新就是运用知识或相关信息创造和引进某种有用的新事物的过程。创新的能力和水平是一个国家发展的重要标志。创新需要方法,创新方法决定了创新效率。

2. 方法的含义

其次谈一下什么是方法,方法就是:方、法、道、招、术、策、计、辙、谋略、点子、途径、工具、手段……

方法是很重要的,我国古代道家学派创始人老子有句名言:"授之以鱼,不如授之以渔。"意思是说,给人以鱼吃,只能使人享用一时;不如教人以捕鱼的方法,则能使人终生有鱼享用。

德国哲学家黑格尔说:"方法是任何事物所不能抗拒的、最高的、无限的力量。"

恩格斯说:"马克思的整个世界观不是教义,而是方法。"

3. 创新方法的概念

最后谈一下创新方法,创新方法是科学思维、科学方法、科学工具的总称,其定义是促使完成创新活动的实施技巧和具体方法,它是人们根据创新思维的发展规律和大量成功的创新实例总结出来的完成创新活动的原理、技巧和方法。

我国一直重视加强创新方法的研究与应用,高度重视王大珩、刘东生、叶笃正三位科学家提出的"自主创新,方法先行。创新方法是自主创新的根本之源"这一重要观点。

创新方法工作的指导思想是,抓住科学思维、科学方法、科学工具三个层面,重点面向企业、科研机构和教育系统三类对象,实现技术创新、管理创新和体制创新三个创新,采取培训先行,试点先行的策略,不断积累经验,推动创新方法工作的有序推进。

4.5.2 国内外创新方法综述

1. 欧美创新方法

美国是创新方法研究的发源地,1870 年美国学者奥尔顿在其著作《遗传的天才》一书中,用案例的方法对数以千计的杰出人物的家族谱系进行了分析,得出了人的创造力源于遗传的观点。虽然观点有争议,但是其运用典型案例进行分析的方法一直沿用至今。

20 世纪 40 年代,创造学的奠基人——美国创新方法和创新过程之父亚历克斯·奥斯本在其著作《思考的方法》中提出了智力激励法,又称头脑风暴法,这也是全世界范围内应用最广泛、最基本的创新方法。

在欧洲,人们对创新方法的研究主要是从 20 世纪 40 年代开始,1942 年瑞士天文学家 F.茨维基在火箭研制过程中,利用排列组合原理提出了形态分析法;1960 年,英国著名心理学家、英国头脑基金会总裁托尼·巴赞发明了思维导图法;1985 年,英国学者爱德华·德·博诺发明了六项思考帽法。

2. 日本创新方法

除欧美之外,日本对创新方法的研究也是在 20 世纪 40 年代开始,1944 年东京大学教授市川龟久弥发表了论文《独创性研究的方法论》,其随后出版的《创造工程》是日本学者在创新方法研究方面较早的著作。

自 1959 年开始,日本在大学里设置创新能力训练课程,并于 1979 年成立了"日本创造学会",同时各县都建立了"星期日发明学校",讲授创新方法和专利知识。这一时期,日本的创新学者开发了不少具有日本特色的创造技法。比较有代表性的有 KJ 法(卡片整理法)和 NM 法(中山正和法)。KJ 法由日本筑波大学川喜田二郎于 1965 年提出,是其在多年的野外考察中总结出的一套方法,即把乍看上去根本不想收集的大量事实如实地捕捉下来,通过对这些事实进行有机地组合和归纳,发现问题的全貌,建立假说;NM 法即中山正和法,是中山正和教授于 1968 年提出的,它强调先依据直觉判断目标问题可否解决,若可以解决,则设立基于直觉的解决方案的假说,然后进行调查、分析,找出假说和分析结果的矛盾,针对分析结果解决问题。

3. 苏联创新方法

苏联的创新方法研究始于 1946 年,海军专利局的专利调查员根里奇·阿奇舒勒(Genrich S. Altshuller)通过对专利进行研究,提出了解决发明问题的理论——TRIZ。该方法通过分析 250 万份专利,概括出一批普遍性、有效性强的方法,然后制定了《发明课题程序大纲》《标准解法表》等,形成了具有自己特色的,迥异于美、日等国形式的创新方法体系。TRIZ 在群众性的发明创造基础上,不断得到开发和完善。苏联把注重国民创造力的开发载入宪法中,并在大学开设"科学研究原理"(142 学时)、"技术创造原理"(56 学时)等课程,以提高学生的创新能力。从 20 世纪 60 年代末开始,苏联建立了各种形式的创造发明学校,成立了全国性和地方性的发明家组织。20 世纪 90 年代初期,随着苏联的解体,TRIZ 理论传入欧美国家。在美国、英国、瑞士、日本、德国、法国、波兰等国家都设立了基于 TRIZ 的创造学研究中心和创新研究基金会。

4. 我国创新方法

与国外相比,我国创新方法的研究起步较晚。1983 年 6 月 28 日,由中国科学技术大学、上海交通大学、广西大学和广西自然辩证法研究会联合发起的全国第一届创造学学术讨论会和全国第一期创造学研究班在广西南宁开幕,是创造学正式引进中国的重要标志,也是我国创新方法发展的里程碑。

进入 21 世纪以来,随着创新方法研究的进一步深入,国内创新方法研究的焦点转到创新方法分类研究方面。胡伦贵等学者在《人的终极能量开发》一书中,按创新思维方式,把创新思维方法归纳为三类,即发散思维法、聚合思维法和想象思维法;刘仲林在其著作《美与创造》中把创新方法划分为"四大家族",即联想系列方法、类比系列方法、组合系列方法和臻美系列方法;庄寿强按照创新原理,将通用的创新方法分为问题引导型、矛盾转化型、系统分析型、系统综合型、交流激励型和最优选择型;刘国新将技术创新方法归纳为基于创造学的技术创新方法、基于用户需求的技术创新方法、基于新产品开发的技术创新方法、基于产品和技术管理的技术创新方法和基于创新规律的技术创新方法。可以看到国内在创新方法的分类研究方面已经有了不少成果,有的学者从创新思维层面对创新方法进行分类,有的学者从创新方法应用过程进行分类,有的学者从问题解决步骤对创新方法进行分类。

4.5.3 创新方法的特点、作用和分类

1. 创新方法的特点

创新方法的特点有:

1)可操作性

创新方法必须具有一定的实施程序和操作规程。

2)可思维性

创新方法必须能有效地引发创新思维,应能通过技法的操作步骤逐步将创新者的思维引向探入、促进问题的求解。

3)技巧性

创新方法在应用时都离不开经验与技巧等因素的参与。一般说来,原理是解决问题的基础,方法是解决问题的前提,技巧是解决问题的保证。

4)探索性

应用创新方法时必须因人、因地和因时制宜,必须用探索的观点来运用创新方法,来了解创新规律并指导创新活动。

2. 创新方法的作用

创新方法有三大作用:

(1)创新方法可以启发人的创新思维。

(2)应用创新方法可以直接产生创新成果。

(3)能够提高人们的创新能力和创新成果的实现率。

创新是树,思维是花,技法就是如何使这棵树上的花开得多、开得美、开得长久的方式、方法!

创新公式:创新成果＝创新欲望＋创新思维＋创新方法。

这个公式清晰地说明了创新方法在发明创造活动中的重要作用。

3. 创新方法的类型

据统计,创新方法目前有 300 多种,可分为以下两大类:

1）偏于激励的技法：追求卓异、曲径通幽

（1）联想类技法：类比法、移植法、综摄法。

（2）逆向类技法：逆向反转法、缺点逆用法、问题逆转法。

（3）集智类技法：头脑风暴法（BS）、三菱式（MBS）、默写式（635）、卡片式（NBS，CBS）、德尔菲法（4 轮征求意见表）。

2）偏于理智的技法：追求完美、渐入佳境

（1）列举类技法：希望点列举法、缺点列举法、特性列举法、信息列举法。

（2）设问类技法：6 问法（5W1H）、奥斯本检核表法、和田 12 动词法。

（3）组合类技法：主体附加法、焦点法、信息交合法。

（4）整理类技法：卡片式（KJ，NM，ZK，OCU）。

（5）程序类技法：解决发明问题理论（TRIZ）：解决技术矛盾矩阵，物场分析法等。

下面重点介绍以下几种创新方法：

1）设问法

设问法就是对任何事物都多问几个为什么？

大多数人看见美丽的花时会发出"多美的花"这样的感叹，只有少数人会继续发问："花为什么会这样红""为什么花会开在这里""这是什么花"，并积极地寻求答案。

创新的关键是能够发现问题，提出问题。

设问法包括奥斯本检核表法、5W1H 法和 6W2H 法，以及和田 12 动词法。

（1）奥斯本创造的检核表法。奥斯本创造的检核表原有 75 个问题，归纳为六类问题：

① 由现状到目的：转用；

② 由目的到现状：代替；

③ 质量的变化：改变；

④ 组合排列：调整、颠倒、组合；

⑤ 量的变化：扩增、缩减；

⑥ 借助其他模型：启发。

适用于所有创造活动，以及非创造性的常规问题分析研究方面。

案例 5

企业开发新产品的检核表

每一个企业，特别是大企业，为了在激烈竞争中保持优势，必须经常不断地研制新产品。为此，许多企业拟定了为研制新产品适用的检核目录：

（1）开发什么产品？

（2）为什么开发此产品？

（3）被用在什么地方？

（4）何时使用？

（5）谁来使用？

（6）起什么作用？

（7）成本多大？

（8）市场规模多大？

（9）竞争形势如何？

（10）产品生产周期多长？

（11）生产能力怎样？

（12）盈利程度如何？

（2）5W1H法。5W1H法是由美国陆军部提出的，有如下实施步骤：

① 对某种现行方法或现有产品，从 6 个角度检查提问：为什么（Why）、做什么（What）、何人（Who）、何时（When）、何地（Where）、如何（How）。

② 将发现的疑点、难点列出。

③ 讨论分析，寻找改进措施。

如果现行的方法或现有产品经此检查基本满意，则认为该方法或产品可取；若其中有某些点的答复有问题，则就在这些方面加以改进；要是某方面有独到的优点，则应借此扩大产品的效用。

（3）6W2H法。我国著名教育家陶行知先生提出 6W2H法。他把这种提问模式称为教人聪明的"八大贤人"。为此他写了一首小诗："我有八位好朋友，肯把万事指导我，你若想问真名姓，名字不同都姓何：何事、何故、何人、何时、何地、何去、何如，好像弟弟与哥哥。还有一个西洋派，姓名颠倒叫几何。若向八贤常请教，虽是笨人不会错。"

（4）和田12动词法。和田12动词法是我国创造学者许立言、张福奎在奥斯本检核表法的基础上，借用其基本原理加以创造而提出的一种创新方法。由于该方法只涉及 12 个动词，又是在上海市闸北区和田路小学首先使用的，所以称为和田12动词法，又称为和田检核表法、聪明12法。

它是指人们在观察、认识一个事物时，考虑是否可以：

① 加一加；② 减一减；③ 扩一扩；④ 变一变；⑤ 改一改；⑥ 缩一缩；⑦ 联一联；⑧ 学一学；⑨ 代一代；⑩ 搬一搬；⑪ 反一反；⑫ 定一定。

2）组合法

组合法是指把多项貌似不相关的事物通过想象加以连接，从而使之变成彼此不可分割的新的整体的一种思考方式。

案例 6

铅笔的诞生

一百年前，美国有位名叫海曼的画家，每天要画很多画稿，画了很多年都没有出名，也没有赚到钱,始终是个穷画家。有一天海曼在作画时,发现需要修改,便放下笔,在凌乱的工作室中好不容易找到橡皮擦完后,却又找不到铅笔了,十分恼火的海曼便用丝线将橡皮系在铅笔上继续作画,这样用起橡皮来就方便了。可没用几下,橡皮就掉了下来,这样掉了几次后,他索性连画也不画了,专门来想办法固定铅笔上的橡皮。终于想出了用薄铁皮将橡皮固定在铅笔尾部的办法并申请了专利。最后被著名的铅笔公司以 55 万美元买走了专利权。海曼也由一个穷画家变成了大富翁,而买了这个专利的铅笔厂,每年也因此为自己创造了上千万美元的利润。

案例 7
瑞士军刀——最精彩的组合发明

瑞士军刀(见图 4-9)作为最具创意的组合发明,自从面市以来,一直受到用户的喜爱,它已超越本身的功能属性,而成为人们乐于收藏的物品。

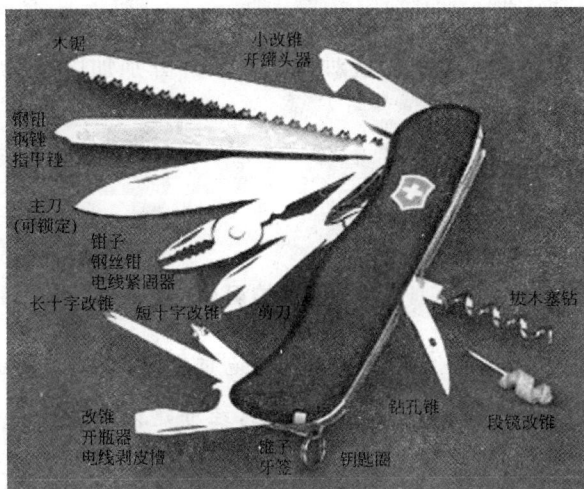

图 4-9   瑞士军刀

3)头脑风暴法

这种方法是由美国学者、创造工程的奠基人奥斯本在 20 世纪 30 年代创立的,后经过一些科学技术学家的丰富和发展,形成了一种具有一定规则的方法。其主要规则有:在思想形成阶段不允许批评别人提出的设想,以防止节外生枝,转换论题;提倡无拘束的自由思考,无论多么富于幻想的怪诞意见都需记录在案;尽量多提设想,多多益善,会上不做任何结论;鼓励把各种设想结合起来,并加以引申和发展。

由于这种方法创造了健康的自由探讨气氛,与会者思维自由奔放,相互激励,往往一次会议就可以提出上百个方案。所以,这种方法有时被称为"智囊团法"。

4)联想类技法

联想是由一种事物(概念、现象)想到另一种事物(概念、现象)的心理过程,实质是在不同事物之间建立起暂时的联系,存在着两种情况:客观联系和主观联系。

客观联系:反映现象之间原本存在的联系,如云和雨等。

主观联系:思维过程中建立原本不存在的联系,如虹与桥等。

案例 8

威斯汀豪斯与气动刹车装置

威斯汀豪斯一直在寻求一种同时作用于整列火车车轮的制动装置。当他看到挖掘隧道过程中,驱动风钻的压缩空气是用橡胶软管从数百米之外的空气压缩站送来的现象时,脑海里立刻涌现出气动刹车的创意,进而发明了现代火车的气动刹车装置。

5) 列举法

列举法是在美国内布拉斯加大学教授克劳福特创造的属性列举法基础上形成的,是具体运用发散性思维来克服思维定势的一种创造技法。

该技法人为地按某种规律列举出创造对象的要素并分别加以分析研究,以探求创造的落脚点和方案。

案例 9

"康师傅"的诞生

大家现在都很熟悉"康师傅",但是它刚进入内地市场时,生产商一开始并不清楚该怎样推销。经过实地调查后,他们发现改革开放后的内地,经济建设发展很快,"时间就是金钱"的口号遍地响起,人们的生活节奏日趋加快,对方便快速的饮食需求开始产生。

经过分析,生产商列举了人们传统饮食方式的缺点和对新的饮食方式的希望,最后决定以开发新口味方便面来满足消费者的需要。

开发什么品牌的方便面呢?他们列举了多个品名,淘汰了不少想法。后来,他们想到了"康师傅"的品牌,因为"师傅"是对专业人员的尊称,此外,"康师傅"中有个"康",也容易满足人们健康、安康的心理需求。

4.6 辅 导 技 能

4.6.1 概念

创新创业导师的辅导范围大致包括以下内容:

（1）启发思考，分享对问题的不同见解；

（2）提供建设性观点与指导意见；

（3）提供经营管理经验和商业指导；

（4）提供人力资源、法律、财务等专业知识和经验；

（5）提供进入工商网络的机会；

（6）提供鼓励、安慰、倾听等情感支持；

（7）提供诚信、责任和感恩的文化教育；

（8）提供创业者创业需要的其他指导。

创新创业导师的辅导可以采取以下方式：

（1）周期性书面辅导：创业者需定期完成《创业项目进度表》提交给创新创业导师。《创业项目进度表》的填写，是帮助创业者不断成长的辅导工具，也是创新创业导师对辅导的项目进行周期性进度分析、评估和跟进十分重要的依据；

（2）随时在线辅导：创新创业导师通过电话、邮件或网络等方式与创业者沟通、交流，为创业者提供有针对性和即时性的咨询和辅导；

（3）定期面对面辅导：导师与创业者进行面对面的沟通交流。面对面辅导的主要目的是达到眼见为实，了解创业进程、解决经营难题、调整经营策略、给予情感支持和鼓励等；

（4）分阶段培训辅导：创新创业导师可为创业者提供各种创业培训。创业培训可以是组织集中培训，也可以是对创业者进行个人培训，或是对创业企业进行项目培训。

（5）不定期实地辅导：创新创业导师可根据创业情况，不定期深入创业项目所在地，实地发现和解决创业企业存在的问题和风险，并提出合理化的建议。

创新创业导师对创业者进行辅导，和被辅导者进行的无论是书面、在线或是面对面辅导，还是集中辅导或是一对一辅导，都需要产生互动。在辅导过程中，不能简单粗暴地采取"我说你做"的单向交流方式去指挥创业者，而是要采取互动的双向交流的方式去影响创业者。做到"给创业者以反馈，引导创业者反馈，引导创业者思考，引导创业者决定"。

4.6.2　反馈与引导

1."给创业者以反馈、引导创业者反馈"

反馈是创业辅导中最基本的要求，包括创新创业导师对创业者的反馈，也包括创业者给创新创业导师的反馈。创新创业导师的反馈告诉创业者他们的表现是否适当。在某种程度上，创业者针对创业的关键环节或阶段性发展的回应，都会使其达成企业发展整体目标。来自创新创业导师的反馈，会告诉创业者他们的回应是否得当，从而帮助创业者及时调整或者继续回应。从创新创业导师的角度来看，反馈应该既有纠正作用，可以让创业者及时调整回应；又有确认作用，让创业者及时调整知道自己在关键环节或阶段性发展中的问题。

对于反馈，应有的一些基本规律如下：

（1）创业者将得到的创新创业导师的反馈积极加以验证、调整和应用，往往对改善创业企业的阶段性发展起指导作用。反之，如果创业者认为自己得到的创新创业导师的反馈是对自己的批评，那么往往就会阻碍或者影响创业企业的阶段性表现。

（2）对于创新创业导师的简单的回应，创业者的即时反馈能够帮助改善创业企业的表现。如果创业者认为创新创业导师的回应比较复杂，那么创业者的延迟的反馈似乎更有效用。

（3）创新创业导师对创业者的频繁和特定的反馈，往往能够帮助创业者完善表现。然而，如果创新创业导师对创业者的反馈太过具体或过于特定性，会使创业者迷惑不解，甚至可能产生反作用。

2.“引导创业者思考、引导创业者决定”

创新创业导师在辅导过程中，要引导创业者洞悉创业环境，了解创业者自己和创业企业目前是什么状况。正如一直强调，创业者和创业企业即使有远大的目标，心怀大志，但如果连自己现在的处境都弄不清楚，那么所有的什么“大志”都只是纸上谈兵，或者是好高骛远的欲望而已。创新创业导师要帮助创业者弄清现状，从而激发出内在的创业动力。

在创新创业导师的辅导过程中，最忌讳的往往是创业者的无动于衷。创新创业导师问创业者问题，创业者的回应如果只是一些不着边际的“高、大、空”的答案，很明显，问题还触不到创业者或创业企业“痛”的地方。创业者感觉到“痛”的地方，往往就是创业者或创业企业最有动机改进的地方。

首先，创新创业导师就现状对创业者提三个问题，要求创业者从重到轻各列举三个事实并说明理由：

（1）“目前你和公司的发展，你有什么最不能接受？”

（2）“现在你和公司感到最不满意的是什么？”

（3）“当下发生的事情，从工作和生活两方面令你觉得压力最大的是什么？”

这三个提问的目的和要求的回答方式，主要是让创新创业导师帮创业者和创业企业形成更大的成长空间，这虽不是一个长远的发展策略，但起码可缓解现时的困局。

其次，创新创业导师依以下顺序对创业者进行提问，要求创业者由急至缓各列举三个事实并说明理由：

（1）“你现在对自己和公司最不能容忍的是什么？”

（2）“如果这些事情消失了，你的感觉是怎样的？”

（3）“现在，你能做些什么使这些不满消失？”

当一个人“水浸眼眉”时，不是教他如何游泳，而是要先给他一个求生圈。就正如创新创业导师不让创业者洞悉自己和创业公司的处境就给予意见，往往是无效的一样。

最后，创新创业导师按下列步骤，让创业者思考：

（1）“你到底现在要做些什么才可以使这些不能容忍的东西消失？”

（2）“如果现在令自己或公司最有压力、最不满意、最不能接受的东西消失了，你会觉得怎样？”

（3）“假如你现在空闲时间，你最想做什么？”

理清现状的三个步骤的目标是创新创业导师在帮助引导创业者自主思考，清楚创业者和创业公司有什么？要什么？在做什么？如果没有了会怎样？这也是创业者和创业公司制订计划和日后行动目标的最大动机。

在公司发展过程中，你不想再容忍什么？	
1	
2	
3	
4	
5	
你决定做什么使这些影响公司发展的东西消失？	
1	
2	
3	
4	
5	
在公司发展中，什么给你最大压力？	
1	
2	
3	
4	
5	
你决定做什么去驱除这些压力？	
1	
2	
3	
4	
5	

3. "定立目标、引导创业者决定"

成功及失败的创业者本质上是没有太大区别的。失败的创业者不一定是愚蠢的，成功的创业者不见得会比其他人更聪明。为何有的创业者成功，有的创业者失败呢？其中一类失败的创业者通常归因于目标不清楚，甚至漫无目标。

目标不是状态，目标是一个实在的可以达到的指标，必须有以下的元素：精确（Specific）、可度量（Measurable）、现在式（As if now）、可行的（Realistic）和时间性（Timed）。

有很多创业者都确定了很清晰的 SMART 目标，但往往都不能全部实现，为什么呢？原因往往是这目标不是创业者真正想承担的目标。只有在创业者身心一致的情况下所制定的目标，才能确保创业者在行动时不会反悔。要真的做到"思想"和"精神"合一才能有足够的力量推动创业者前进。

以下是创新创业导师辅导创业者推动公司发展 SMART 目标的策略：

步骤 1. "精确地提出想要什么？"（Specific）

步骤 2. "怎样知道已达成了目标？"（Measurable）

步骤 3. "如果目标现在就实现了，会怎样？"（As if Now）

步骤 4. "是什么原因阻碍你？"（Realistic）

步骤 5. "什么时候开始做？什么时候完成？"（Timed）

创业者确定公司发展的 SMART 目标之后，创新创业导师的工作才是刚刚开始。创新创业导师是一步一步地伴随、鼓励和督促创业者不断克服困难，修正和行动，直至完成公司发展目标为止。

案例 10

创新创业导师对创业者进行的十条能引发真正目标的引导提问

1. "你的企业想要什么？"

_____

2. "你的企业想要的目标如何帮到你？"

_____

3. "你如何知道你的企业已经达到目标？"

_____

4. "其他人怎样知道你的企业已经达到目标？"

_____

5. "你想要的企业成果出现在何处？在何时出现？与谁人共享？"

_____

6. "是什么原因阻碍你的企业达到目标？"

_____

7. "如果企业达到这目标，是如何影响你的生活？"

_____

8. "哪些你已经有的能力和资源可以帮你的企业达到目标？"

_____

9. "需要什么额外的能力和资源可以帮你的企业达到目标？"

_____

10. "你决定怎样做？"

_____

4.6.3   建议与发展

1. 循序渐进,提出建议

创新创业导师在不适当的时候提出不恰当的建议,这不是帮助创业者,而是干预操控,因为大部分的决策、判断在创业者的心中,只有极少数答案在创新创业导师或者在其他人中寻找。但创新创业导师不是不可以直接提供建议,只是在提建议时要特别小心,必须清楚知道要有目标、有步骤和循序渐进地提出,不可以盲目给建议。

步骤 1:确认事实。

创新创业导师是一面镜子,清楚多面地反映事件,让创业者也同意事实就是这样,必须要知道,所谓事实其实是很主观的,每一个人都会以自己的信念和价值去演绎事实,所以同一件事在不同的人眼里是不同的事实,在准备给予建议时,必须先确认这就是创业者心中的"事实"。在最初的阶段,创新创业导师应该只像镜子般如实反映创业者眼中看到的,技巧是"只重复创业者的话语",问创业者"是不是这个意思"。当双方取得共鸣和同步之后,就可以进入下一个步骤。

步骤 2:分析情况。

当创新创业导师与创业者双方确认了"事实"后,便要开始详尽地、抽丝剥茧地分析情况,让创业者了解自己公司现在的处境。创业者清楚了解自己的处境后,自己寻找答案,是不需要别人提供任何建议的。

步骤 3:提供选择。

创业者清楚全部情况,创新创业导师可以尝试用不同的方法分析情况,直到创业者有解决方法为止。当详细分析现状后,若创业者仍然毫无头绪,没想出方法来,作为旁观者的创新创业导师可以从侧面提出自己的建议。必须要留意,在给建议时要让创业者有选择,至少要提出一个以上的建议,否则便不是帮创业者扩展,而是局限创业者的选择。创新创业导师要在创业者完全找不出答案,和在感到安全的情况下方可提供意见建议,不要一开始便提供意见。

2. 巩固基础,寻求发展

如果创业者基础稳固的话,做什么事情就能事半功倍,其中包括了创业者个人能力、思想和态度。创新创业导师不单要帮助创业者巩固基础,还要帮助创业者扩展界限、开阔眼界,使之跳出现有的框架,飞跃去新的领域。

固有的领域,是创业者现在身处的范围,是一条无形的界线,是创业者自觉不可以超越的线,只有在这界线范围内活动才会感到安全。在工业型社会,工作的界线划分得清清楚楚,但今天的移动互联网时代是跨界的时代。懂得扩大界线,跳出原有领域,才可以不断成功。

步骤 1:扩展领域。

没有扩展,就不会有发展。具体来说,扩展领域包括了两个层面:

(1)思想层面:自我价值、智慧、眼界、生活态度等;

(2) 技术层面:知识、技能、人际关系、社交圈子等。

当领域扩大了,眼界开阔了,包容量便会大增,成功的机会也会增加。

步骤2:提高标准。

当领域扩大后,要求亦高了,标准也必须要相应提高。正如当人类进驻了现代化的高楼大厦之后,实在很难再重回森林过茹毛饮血的生活。提高标准实际上对创业者及创业公司的要求也在提升,创新创业导师需要协助创业者及创业公司提升标准。

步骤3:突破限制。

当经历过更高层次的准则之后,人总是会渴望得到更多。创新创业导师要引导发现创业者更深层的内心目标,让创业者发现更高的梦想和更深的潜能,帮助创业者达成更高的目标和梦想。

案例 11

与创新创业者一起看见未来

创新创业本身是有关一个组织的未来:一个组织如何看待未来,看到了什么样的未来,是一个组织开展创新的基础。

创新与创业所做的事,一定是一个组织过去没有做过,现在可能刚刚开始做(或许只有一点冲动要去做)的事——怎么看都是模模糊糊,感觉上也是懵懵懂懂,但总归是一件关于未来的事。而对于未来的憧憬、目标的确立、创新行动的制定,都是人们今天要交流的核心内容,从某种意义上说,这本书里分享的不仅仅与现状、与变革有关,更与未来、与创新密切相连!

机会既不遥远,也不模糊。关键是要发现变化的模式。

因此,创业与创新本身是有关一个组织的未来:一个组织如何看待未来,看到了什么样的未来,是一个组织开展创新的基础。对此,德鲁克做过这样的叙述:"寻找已经发生的变化,期待变化可能带来的影响,会为观察者(管理者)带来新的视野。关键在于要让我们自己能看到它。至于其后的'可以做什么''应该做什么',往往反倒不难发现。机会既不遥远,也不模糊。关键是要发现变化的模式。"

德鲁克的叙述指出了一个组织看待创新的关键角度:组织的领导人要"看到未来"。但是,他也提到,"看到未来"是"寻找已经发生的变化",并且"期待变化可能产生的影响"——并非是请咨询公司去做市场调查和市场预测,尤其不是根据过去的数据去预测未来的市场变化。手机行业的跌宕起伏,或许可以说明这个道理。十几年前,手机作为通信的终端产品其主要功能是打电话。绝大多数的手机制造企业,也都是从以往的"打电话"的角度去做手机设计和营销的。但是有一家并不太知名的北欧企业诺基亚,看到了"另一个未来":随着移动电话的用户迅速增加,手机可能成为一种消费品,手机市场可能成为一个细分的、快速变化的市场。而对于这个"不同的未来"的期待,就使得诺基亚采用了"全然不同的"的产品设计、推广和营销的模式,也造就了几年后多数厂家退出手机市场、诺基亚"一家独大"的局面。然而,十几年之前,刚刚从困境中走出来不久的一家企业——苹果公司,也看到"另一个未来":随着移动终端消费的丰富和普及,某一种手机可能成为"时尚",于是就引发了大家都看到的天翻地覆的变化。

纵观百年来的管理发展,那些试图掌握管理规律的人会发现,他们面临着多么大的困难。正如一位管理学家所说的:"50 岁的律师完全可以坐下来沉迷于他所拥有的基础知识,但管理者却不能享受这样的奢侈。50 岁的管理者也可以回顾、沉湎于过去的知识,但如果这样做,他会很快发现,他将失去工作。"因为,管理需要变革和持续的学习,变动的时代需要变动的管理。我们尤其需要认清这一点! 变化,是人们所面对的一种"常态",以前如此,现在如此,未来还会这样……

第5章

创新创业导师研修

5.1 课程建立

5.1.1 创新创业导师研修背景

近年来,党中央、国务院高度重视创新创业工作。党的十八大报告明确提出"鼓励多渠道多形式就业,促进创业带动就业";2012年教育部颁发《关于大力推进高等学校创新创业教育和大学生自主创业工作的意见》中,提出全国各大学应该将创业教育置于一个高度,注重培养学生的创业能力;《教育部高等教育司2014年工作要点》文件中要求面向全体学生开设大学生网络课堂,迅速推广高新技术创业,加大力度推进综合改革;《国家中长期教育改革和发展规划纲要(2010—2020年)》中也指出要加强就业创业教育和就业指导服务。各级政府相继出台了一系列政策措施,如简政放权、便捷融资、人才培养、税费优惠、"一对一"服务甚至"零成本创业"等,给创新创业式教育提供了便捷有利的大环境。

在党的十九大报告中,59次提到"创新",6次提到"创业"。党的十九大报告指出,要坚持创新发展理念,坚定实施创新驱动战略,推动互联网、大数据、人工智能和实体经济深度融合,激发和保护企业家精神,鼓励更多社会主体投身创新创业,鼓励创业带动就业,建设知识型、技能型、创新型劳动者大军,弘扬劳模精神和工匠精神,大力提升发展质量和效益,不断促进人的全面发展。

1. 创新创业导师队伍建设的现状

我国创新创业教育起步较晚,对于高校大学生的创新创业教育仍然处于摸索阶段。但已经有越来越多的高校开始意识到大学生创新创业教育的重要性,积极推进大学生创新创业教育的发展。创新创业的教育离不开导师,目前我国大学生创业成功率低的主要原因之一就是得不到专业的、针对性的指导。因此,建设创新创业导师队伍是促进创新创业教育的重要环节。当前,我国高校创新创业导师的建设的情况:一是导师数量。师资数量的多寡可从创新创业导师的数量和在校大学生数量之间的比例来判断。若按照高校就业工作人员的配置标准,即当前高校创新创业导师基本上应按照应届毕业生的1∶500进行配置的话,在一所人数为15 000人的高校中需要有30名专职导师为学生进行指导,但目前看来远远达不到这一比例。

二是导师来源。目前我国高校创新创业导师的来源主要为两方面：①在校教师，包括创业教育专职教师、辅导员和班主任等；②兼职导师，主要是高校外聘的具有创业咨询服务经历或者成功创业经验的兼职教师，主要包括优秀的创业者、专业的创业咨询师、企业中的管理者及各行业的佼佼者。

2. 创新创业导师队伍建设的影响因素

建立创新创业导师队伍并非集聚一些能够在课堂上讲解理论的讲师，要想建立一支优秀的创新创业导师队伍需要多方配合，多种因素共同作用，才能更加高效有序地发挥导师对学生的指导作用。首先，导师自身素质要过硬。大多数教师都对创新创业教育有很大兴趣，热情、积极、富有责任感。但作为创新创业指导老师，只有这些是不够的，更重要的是要掌握专业性的知识，能够对学生的创业过程做出关键性的指导。其次，高校对于创新创业教育体系的建立至关重要。创新创业教育属于一项重大的教育改革创新，需要一支优秀的导师队伍。为了达到学校和师生共同学习、共同进步的理想效果，高校要拿出切实可行的管理制度。一方面是导师队伍的管理，要对导师的甄选严格谨慎，明确导师的教育责任，指定合理的考核制度，确保工作的高效运行。另一方面是为导师们制订定期或不定期的培训计划，鼓励校内导师"走出去"、校外导师"走进来"，加强校内外导师之间的交流，为导师提升自身的能力创造机会。同时最好建立相应的奖励制度和措施，融入合理的评价表和晋升制度，激励导师们发挥主观能动性，去促进整个导师队伍质量的提高。最后，政府和社会环境也会对创新创业导师队伍建设起到一定的影响因素。政府政策的扶持对于创新创业导师队伍的建设会有一定的指导性和方向性，也能带动高校进一步对创新创业导师队伍的建设力度。对于合格的导师进行资格认证，承认其在创新创业教育方面的能力。关于社会环境主要是认可度和包容性的问题。目前在"大众创新、万众创业"的新形势下，社会大众对创新创业学科及创新创业导师有了新的认识，表现出积极认可的态度。

3. 创新创业导师队伍建设的发展方向

创新创业教育不仅仅是理论的指导，更多的是让学生能够亲身感受创业的过程，在实践过程中将理论转化为实际。在导师队伍的建设中，"双导师"制度能够将校内导师侧重理论与校外导师侧重实际相结合，使学生能更好地了解创业过程，通过学习此门课程具备创业的基本要求。"双导师"制必不可少，但同时也更应要求校内导师和校外导师的界限不要太明确，鼓励校内导师"走出去"，到企业中去，将自己的理论知识与实际情况联系起来，这样有助于校内导师更好地理解所传授的创新创业教育内容。积极引进校外导师"走进来"，给那些有一定创业经验、并且有志于参与创新创业教育的人士创造机会，将其创新创业的经验认识传递给有兴趣创业的学生。导师队伍应更加专职化、专业化。现在大部分的教师都不是完全从事双创教育，其自身的工作已经比较繁重，再加上科研任务和兼职授课，没有太多时间和精力进行双创教育体系的发展和教育方式方法的探索。随着各方对创新创业教育的重视，必然需要更加专职化的教师投身于此。

5.1.2 创新创业导师研修目标

1. 提高创新创业导师自身水平

"双创"教育离不开双创导师,而导师自身的水平对于创新创业教育课程的建立极为重要。要想成为一名合格甚至是优秀的创新创业导师,必须具备丰富的专业知识和实践经验,这样才能更好地对学生创业进行指导,提出专业化、个性化的指导意见。因此,创新创业导师研究能够敦促双创导师不断学习,不断拓宽自己的专业知识,积累实践经验,提高自身水平。

2. 完善创新创业导师服务体系

通过创新创业导师研修,旨在使有志于参与创新创业导师的教师及时了解国家和高校有关创新创业教育方面的最新政策,增强导师对于创新创业教育的进一步认识,明确创新创业教育的目标,掌握创新创业教育的基本规律和方法,丰富导师的教学内容和方式,提高导师的培养质量意识和指导技巧,搭建优秀的创新创业导师服务平台,完善创新创业导师面向院校学生的全方位专业服务,从而提升学生的创业能力,确保导师队伍在创新创业教育中发挥应有的作用。

3. 促进创新创业教育学科发展

虽然目前我国各个高校对于创新创业极度重视,均在积极进行导师队伍的建设,但是学科中的优秀人才和学科带头人仍旧匮乏,因此通过对导师进行培训和多种形式的学术交流,加快创新创业导师队伍建设的进程,培养优秀的创新创业导师,通过理论与实践相结合的方式,深入研究创新创业教育学科,以促进我国的创新创业教育学科的长足发展。

5.1.3 创新创业导师研修课程

1. 创新创业理论知识的学习

在本部分的学习中,主要方式为专题讲座。邀请创新创业教育研究前沿的学者对创新创业环境及配套政策进行解读,有助于导师及时了解国家和高校有关创新创业教育方面的最新政策,提高导师对于创新创业理论的理解,明确培养创新创业导师的重要性,在思想上重视导师的自我研修。

2. 创业项目经营管理方法及实践

在本部分的学习中,各位导师会在授课讲师的带领下,将理论应用于实践。通过沙盘演练、情景模拟等方式,导师亲自参与创新项目的选择、经营、管理、评审,了解整个创新项目的发展过程。有助于导师在此过程中发现问题、思考问题、解决问题。通过案例分析,对中外创新创业项目进行探讨交流,吸取教训、借鉴经验。

3. 创业教学与指导方法的学习

在本部分的学习中,以专题讲座与头脑风暴、创业实训等方式,结合理论与实践,学习创新创业教育的基本规律和方法,丰富导师的教学内容和方式,提高导师的培养质量意识和指导技巧。教学内容包括如何构建创业团队、如何传递创业经验、如何培养学生的创业意识、如何进行创业模拟实践等。通过学习教学方法,如课程设计、教学资源与教学工具的使用、教学效果的评估等,增强导师在创新创业教育课程中的专业性、新颖性,激发学生的创业兴趣,引导学生的创业意向,挖掘学生的创业潜质,培育学生的创业精神。

5.2　创新创业导师研修的组织实施

创新创业导师研修的组织与实施是保证研修成效的关键,也是执行的重头戏。研修的组织实施是把研修计划付诸实施的全过程,它是达到预期的研修目标的基本途径。研修内容尽管重要,但研修组织实施的任何一个环节出问题,都会直接影响研修的最终效果,前期准备或后勤保障比任何其他因素对研修的效果影响都为直接。

5.2.1　创新创业导师研修实施前的准备工作

永远不要低估准备的重要性。细心地计划总是能使问题、意外的事情,减至最少。

1. 确认并通知参加研修的创新创业导师

应按照一定的标准严格挑选参加研修的"双创"导师,并以书面的形式通知他们研修的时间和地点。

2. 确定合适的研修地点

"双创"导师研修地点的选择至关重要,对"双创"导师研修的效果也有非常大的影响。根据研修人员的规模、内容形式与参训人员不同等区别,选择的研修地点也应不同。既可以选择室内,也可以选择室外;可以选择离市区稍远,也可选择就近;可以选择能容纳上百人甚至上千人的大礼堂,也可选择一间小型教室或会议室。但研修地点周围的环境应相对安静。对于时间较长的研修应尽量远离市区,以免学员不能安心学习。如果研修组织者以前从未到过将要被选定的研修地点,那么他们应该预先去实地考察一下。因为研修地点一经确定,改变地点可能会影响整个研修计划。在正式研修开始之前应确保研修人员的房间已经安排妥善,教室的布置已经达到要求,相关设备也已到位。此外,如果研修地点远离市区,还应事先安排好接送研修人员的交通工具。

3. 制定合理的研修时间

在研修过程中,时间的掌握也是至关重要的。一方面要制定合理的研修时间,如研修时间的安排上午为 8:30~12:00,下午为 2:00~6:00,给研修人员安排午休时间,以提高下午的研修效率;另一方面要控制好研修过程中的时间。例如,一个没有经验的研修讲师在掌控研修时间上容易犯的错误有两种,或是开始过慢,造成前松后紧,草草结束;或是开始节奏过快,造成前紧后松,后一段时间没有内容可讲,使讲师和学员都在无奈中期盼课程结束。一次好的研修培训必须在时间掌握上多下功夫,使整个研修过程既能做到紧张充实,又能做到有章有法、轻松、活泼。

4. 相关研修资料的准备

在准备研修资料的过程中,可视辅助材料对创新创业导师研修非常重要。最常见的可视辅助材料是分发的资料,如幻灯片的复印件、大纲、论点的细节或例证、课后思考的附加材料或研修人员的各种活动指南及课本和笔记本等。正如多种讲解方法能增强研修人员的接受力一样,多种可视辅助材料的运用能刺激研修人员,从而使他们更乐于参与其中将所学知识记得更牢。如果多种可视辅助材料的配合运用适当,能极大地丰富研修的学习经历,而研修人员当然更喜欢多运用一些可视辅助材料。

5. 选择理想的研修讲师

选择一位合适的研修讲师,对创新创业导师研修的效果影响也非常大。如何才能选出一位理想的研修讲师?没有什么方法比研修培训前的试讲更有效了。尽管研修讲师透彻研究研修内容很重要,但讲课最终只有通过试讲才能真正选出合适的研修讲师。

5.2.2 创新创业导师研修组织实施的过程

1. 创新创业导师研修开始的介绍工作

1) 创新创业导师研修目标和日程安排的介绍

介绍研修目标和日程安排,告诉研修人员在这次培训中将要涉及哪些问题,如果安排研修后考试,要事先告知,这样做可以增加他们的注意力,以及对研修培训的重视,促进他们认真学习。培训目标和日程安排应是发给研修人员的资料中的第一页。说明如何通过这些安排达到预定的目标——研修人员在培训结束后能做到什么。将研修人员的目标转化为研修讲师的目标。

2) 创新创业导师研修课程的简要介绍

由专人负责研修课程的简要介绍。该负责人在介绍研修课程时应尽量避免这样的用语"如果有时间,我们就……",这会使学员感到研修没有很好的计划性。

3) 创新创业导师研修讲师自我介绍

研修讲师的自我介绍对讲师在研修学员心目中的形象定位起着决定性作用,尽量用轻松、幽默的语言自我介绍,这样容易拉近与研修人员之间的距离。

4) 创新创业导师研修学员自我介绍

通过让研修人员自我介绍,能够活跃研修的气氛,提高研修的效果。

2. 创新创业导师研修知识或技能传授

研修培训应让研修人员学习并掌握前所未有的新知识和新技能。传授新知识或新技能的方法有很多,通常包括研修讲师讲授;有组织的讨论;非正式的讨论;答疑。

1) 研修讲师讲授

讲课是讲师工作的重要部分,而且也是对研修工作评价的重要依据。在讲课过程中,可以使用一些辅助设备,如投影等方式帮助强调重点,吸引大家的注意力。还要考虑学员记笔记的时间,在课堂上记笔记是否有助于理解和记忆,是否可以发给他们讲课提纲,减少课堂上记笔记的时间,增加学员思考的时间。在设计课程时,还要想到是否让学员在课堂上自由提问,因为有时提出的问题是你在后面要讲到的,过多的这类问题会影响授课时间。也可以由讲师提出问题,从学员的回答中,引出要教的新知识,这可以使学员更积极地参与进来,这种交互式的授课方法能够创造一种趋于动态的学习氛围。

2)有组织的讨论

有组织的讨论是正式的讨论,是安排在研修日程中的。对课前阅读材料的讨论就是这种讨论的一种。可以先发给大家有关的阅读材料和一些书面问题,让大家提前做准备,然后就这些问题进行讨论,在讨论中还可以不时地插入一些问题,启发学员思考,引导学员多思考实际工作中出现的问题。这种讨论方式灵活性强,可以根据学员情况做出调整(根据讨论,可以了解研修学员对这些知识的了解情况,有重点地进行讲解),由于这是一种双向的交流,在以转变态度为目标的研修培训中尤为有用。这是一种很好的授课方式,但对讲师的能力要求较高。

3)非正式的讨论

这是指没有在研修培训日程中正式安排,可以在研修培训过程中随时进行的讨论,以此来检查研修人员的掌握情况,鼓励他们更多地参与到培训中来,并随时了解培训的效果。在一次活动结束后,可以让大家就这次活动的收获,以及如何在今后的工作中加以运用进行讨论,这种讨论可长可短,根据时间灵活安排。在这种随意性较强的讨论中,要避免只与观点近似,或是讲师认为水平较高的少数学员对话,避免导致其他的学员感到与自己没有关系而失去兴趣。

4)答疑

在正式的授课之后,一般都要安排答疑。最好对可能提出的问题事先有所准备。确保给出精彩的回答。答疑的过程是对研修讲师专业素质、分析问题、解决问题的能力及机智、幽默等综合能力的最大挑战。

5.2.3　每次研修结束都要进行回顾和简要评估

做任何一件事都要善始善终,"双创"导师研修也一样。但有些研修讲师通常都很重视开始和整个培训过程,而忽略了结束部分,这会给人有头无尾的感觉。当然,好的开始可以给研修人员和讲师带来信心,而整个培训过程更是传授新知识和技能的主导环节,最后还应留出相当于全部培训时间5%左右的时间,以便对研修培训进行总结。一般的课程设计在总结部分包括以下内容:

(1)总结在整个研修培训过程中传授的知识和技能。

(2)取得学员学习情况的反馈信息,并做出评价,如进行测验等。

(3)评价、讨论学员的研修培训成果,如论文、报告、演示等。

(4)把培训和在工作中的应用联系起来。

虽然通过总结可以帮助大家复习学过的内容,但研修人员只是被动地听,效果并不好。因此即使是在研修培训的最后阶段,也不能忘记研修人员的参与是研修培训成功的关键。在最后阶段让研修学员参与其中更为重要,这关系到能否把学到的知识运用到工作中去,即研修培训的目标能否最终实现。

5.3 研修效果评价

5.3.1 有效方法的选择

创新创业导师参加研修后,需要对研修效果进行全面、综合的评价与考核,目的在于判断研修项目选择的优劣,了解研修预期目标的实现程度,探索研修内容对现代经管活动的借鉴性、实用性、创新性。一次成功的创新创业导师研修课程的开展,不仅为后期研修计划的安排,研修项目的制定与实施等提供了有益的帮助,而且可以让创新创业导师更好地给创业者进行有效指导,提高创业者的创业信心,增强创业者的创业能力,提升所创办企业的整体实力,营造良好的创业氛围,激励和帮助更多的创业者实现自主创业。这就使得选择合适、有效的考核测评方式来评价研修效果显得尤为重要。本书选取了几种典型的考核测评方式进行逐一介绍,其中包括考核测评、问卷调查、座谈交流互评、书面自评、模拟操作演练等。

1. 考核测评

授课教师考评,是一种客观、合理的评价方式,授课教师采用笔试、现场问答、案例讨论、实操测试等方式,对于参加研修的创新创业导师的研修成果进行了有效考量与合理评价,保证了培训效果测定的科学性。

2. 问卷调查

问卷调查,了解研修方对培训课程的主观感受和满意程度,主要体现为创新创业导师对研修课程课后的集中反应,涵盖总体评价、培训课程、讲师授课、培训组织、合理化建议等几个核心的调查内容。问卷调查专注于考量本次研修课程的设计、研修案例的选择、研修方式的实施。授课方将反馈问题集中罗列,编制成书面形式交由参与研修的创新创业导师并让其填写。填写完毕后,集中上收,对于反馈情况进行有效研究,合理修正,科学改良。

3. 座谈交流互评

座谈交流互评,对参与该次研修的创新创业导师开展研修课程后的座谈会,以他方视角,考量研修期内的研修效果情况,实施其他参与研修的创新创业导师与自身的多边互评,采用提问、探讨、交流等方式,促进互助学习,进行合理打分并给予有效、合理的意见。

4. 书面自评

书面自评,从自我角度出发,考量培训课程中所教授的知识、技能、信息、方法的把握程度,探讨本次研修内容对于自身经管工作的针对性和实用性,总结本次研修学习中的收获与不足,以便提升与改良。

5. 模拟操作演练

模拟操作演练,是授课方虚拟商业市场环境,涉及战略规划、资金筹集、市场营销、产品研发、生产组织、物资采购、设备投资与改造、财务核算与管理等商业关键环节中的一环或多环，将书本内容与实际情况进行巧妙结合，对于研修课程中提及的相关案例、相关情况、相关问题进行模拟测试，使参与研修的创新创业导师进行有效操作演练。

5.3.2　基本内容的阐述

一次全面、综合、完善的创新创业导师研修效果评价基本内容分为四类，分别为课程效用反应、主观书面自评、客观多向测评、实用操作演练等，继而进行有效实施。下面进行相应介绍。

1. 课程效用反应

课程效用反应作为研修效果评估基本步骤中的一种，是对研修课程内容设计的反应、对研修案例挑选内容质量的反应、对课程组织的反应、已经习得知识和技能实用性的反应，通常采用问卷调查的方式，体现了研修项目开展的有效性和实用性。在研修课程结课后，授课方了解参与研修的创新创业导师对研修项目的主观感受和满意程度，主要采用问卷调查方式进行评估，评估内容涵盖总体评价、培训课程、讲师授课、培训组织、合理化建议等多个方面。

2. 主观书面自评

主观书面自评是对于创新创业导师研修结果的针对性、研修中的收获与不足进行考量，以书面自评方式为主，可以探讨通过本次研修后的收获。包括：自身市场、行业观念上的转变，获取了哪些较为前沿的市场资讯，得到了国内外较为先进的市场理念，重新解读了哪些已有的经典理论，习得了哪些较为有效的市场战略和策略，以及提升了哪些专业技能和方法，改良了哪些已存在的研修经验。同时，通过本次研修后的不足也可进行相应探讨，找寻其中的原因，并做出相应的总结，从而得出全面、综合的主观书面自评报告。

3. 客观多向测评

客观多向测评是对于创新创业导师研修结果进行有效考核，同时研修创新创业导师间相互交流、相互提问、相互评价，通常采用授课教师考评与面谈、座谈交流互评。

座谈交流互评，侧重于研修方间的多向互动，将研修中所获取的知识、信息进行同向提问，以市场大环境为出发点，不仅可以得到研修方的研修效果评价，同时可以促进参与研修的创新创业导师间的多方面、多角度、多层次的沟通。对于同一问题，出发点不同，得到的问题解答也会存在巨大差异，拓宽了问题思路，激发了解答灵感，这本身也利于本次研修更好的互动。

客观多向测评中所采用的授课教师考评更多的是通过问答形式，考量研修的创新创业导师的研修成果，将研修内容穿插进不同的市场环境中以考量其研修成果。授课教师考评方式可以采用书面案例，也可以采用口头问答形式，形式并非单一。更多考量的是研修的创新创业导师的研修成果，并以实际角度来回答，不可脱离市场大环境进行主观臆断，随意问答。同时，参与研修的创新创业导师的有效回答同样可以拓宽授课内容的广度和深度，促进研修课程质量的提升。

4. 实用操作演练

授课方虚拟商业环境,模拟操作环节涵盖了企业运营的单个或多个关键环节:战略规划、资金筹集、市场营销、产品研发、生产组织、物资采购、设备投资与改造、财务核算与管理。把企业运营所处的内外环境抽象为一系列的规则,由研修的创新创业导师进行参与且各司其职,共同完成对企业案例的有效演练。

5.3.3 最终结果的总结

从不同的角度来看,总结的相应结果也存在着较大差异。

从课程效用角度来总结,一次合理、有效研修项目的成功开展,最重要的是研修方对于研修项目具有积极、正向的反应,这些反应即对研修课程的设计、研修案例的选择、研修方式的实施的合理认可,且对于本次研修活动的开展做出了客观、公正的评价,而这种反应往往通过问卷调查的方式得以收集。课程效用调查问卷进行科学有效的设计、易于实施,上交也较为及时。在研修课程结束后,收集参与研修的创新创业导师对于研修效果和有用性的反应,这对于本次研修项目的开展及下次研修计划的实施显得至关重要。课程效用调查问卷也很容易分析、制表和总结,从而对于存在的问题进行合理的修正与科学的改良。

从主观研修结果来总结,可以看出在研修课程结束后,对于研修的收获与不足,积极考虑,有效考量,每个参与研修的创新创业导师总结的结论也因人而异,这需要从自身出发,对于本次研修项目进行主观的自我评价,立足于自身研修的目的性,解决自身的实际需求。

从客观研修结果来考虑,对于研修者间普遍存在的问题,可以共同思考解答方案,促进了研修的创新创业导师的共同交流。同时,多方角度同时参与对一方的考量、测评也较为公允,可以有效评判自身本次研修的成果。本身对于别的创新创业导师也可运用自身的公正的考量方式进行科学、合理的评价。

从研修效果实用性角度来考查结果,实用操作演练通过对企业经营管理的模拟来有效评价参与研修的创新创业导师研修成果,并且可以有效、全面、综合提升研修方的实际操作能力。通过这样演练操作方式来使研修者对企业各个部门的职能有更为深入的了解与掌控,提高团队凝聚力,全面提高管理能力,并将相关研修课程内容带入其中,实施科学、有效的模拟,从而有效考查参与研修的创新创业导师的操作质量。

5.3.4 综合评价的探讨

首先,从参与研修的反馈中来看,收集研修课程内容设计的反应是其中的关键,体现了研修方对于内容设计的满意度和认同度,可以有效避免枯燥乏味与内容教条,带动研修课程的趣味性与丰富性。收集研修课程内容质量的反应是其中的核心。对于创新创业导师来说,他们理论基础深厚,行业经验丰富,怎样设计前瞻性、实用性、科学性的高质量内容对于他们来说尤为重要,这也是本次研修学习的立足点。以参与研修的创新创业导师的角度来评判课程内容设计，较为客观地体现了他们对本次研修课程效用的反应程度。收集参与研修的创新创业导师对于研修课程组织的反应也是不可忽视的地方，其中包括授课讲师、授课材料、授课设施、授课场地等多方面的评价。对于研修方习得的知识和技能实用性的反应，是评估本次课程效用的重点，它们的实践性、可操作性、合理性，是评价效用反应的关键。

其次，评价一次研修课程的效用情况，外界客观评价是必要的，然而主观书面自评同样不可或缺。研修心得、学习体会同样是研修效果需要考量的地方。自身对于研修抱有怎样的针对性，希望通过本次研修解答哪些现实问题，参与研修的每个创新创业导师的出发点都各不相同。在研修课程过程中，每个参与研修的创新创业导师对培训课程中所教授的知识、技能、信息、方法的把握程度也存在差异。

再次，评价一次研修课程的效果，不仅需要授课教师的考量，研修方自身的自评，还需要其他参与研修的创新创业导师与自身的客观多向互评，授课方对于自身的考评，从而做出本次研修效果的客观评价。授课方以座谈会的形式，提供给参与该次研修的创新创业导师研修后自行讨论的机会，以多方视角进行研修效果评估。对于研修课程中所阐述的观点、知识、信息，结合市场经营的实际情况，采用提问方式，进行研修效果的考查。同时积极鼓励参加研修的创新创业导师间进行积极交流、深度探讨，加强研修方间的有效交流，最终做出较为科学、合理的多方评价。而授课方也是考量方之一，将研修中已经教授的内容，以案例形式，发问研修方，继而考查研修的有效成果。

最后，实用操作演练也尤为重要。通过仿真模拟手段，把企业经营所处的内外部环境抽象为一系列的仿真场景，由参与研修的创新创业导师参与其中，模拟相互竞争的虚拟企业，通过企业的虚拟经营，将研修内容进行有效实施，使研修者在分析市场、制定战略、营销策划、组织生产、财务管理等一系列活动中进行研修效果考量，激发研修者的创新思维，把研修的专业知识、技能、方法和经验与实际存在的问题紧密联系起来，同时使研修者感受到所研修的相关内容具有解决实际问题的价值，加深对研修学习内容的进一步理解。

5.4　创新创业导师自我学习能力

"双创"出现以后，"创新创业导师"成了一个流行词。然而，要当好一个创新创业导师并不简单，一方面要有情怀，舍得把时间和精力腾出来，舍得把知识经验无偿分享给别人，很多成功的企业家、资深投资人都具备专业能力，但缺少服务创业者的情怀；另一方面创新创业导师需要有足够丰富的创业或投资经验，自己实践得少，感悟得少，怎能去指导别人呢？

5.4.1　全面了解自身的职责与收获

1. 明确创新创业导师的职责

创新创业导师的职责，最重要的一点是指导创业者更好地创业，提高创业成功的胜算，这是我们义不容辞要做的事情。如果不去做这个事情，就体现不了我们的价值，当然，我们的服务不仅仅限于创业指导。

2. 发现创新创业导师的收获

当创新创业导师有助于导师更深刻去理解创业，至少对自己的教学和实践带来好处。正所谓"教学相长"，好的创新创业导师给创业者传授知识，这是一种奉献，但同时也从创业者那里获得一手的知识和经验，很多是用时间和真金白银换来的经验教训。当然，为了做好这个角色，导师必须更加花心思去学习更多的新知识。

因此，当创新创业导师第一个受益的人其实是导师自己，其次是导师孵化下去的创业者。创新创业导师必须善于总结别人的经验教训，自己现学现用，然后成系统成方法地向别人传播，希望可以纠正一些创业者错误的认知和做法。创业新手和老手的成败几率不一样，除了关系资源积累的程度不一样，最主要的原因就在于经验值不一样。

5.4.2　正确把握自身的角色和视角

1. 角度转变

现在不少人都是精英创业，他们都很容易犯的一个错就是不习惯从用户角度考虑问题。市场和人们想象的不一样，第一个重要的问题是确认需求，必须深入了解用户需求，就好像我们自己就是客户那样去想去做。

2. 团队引领

创业的核心内容是市场营销、组织建设和资本打交道这些方面。很多创业者由于在某些方面特别精通，很容易犯"单打独斗"的错误。而投资人往往更看重的是一个团队。

3. 自身定位

创新创业导师应该是"教练"而不是"保姆"。

对大多数高校教师而言，"双创"是新事物，创新创业导师意味着挑战和责任。成为一名合格的大学生创新创业导师应做到专业知识和社会经验丰富，素质全面。

创新创业导师不只应关注项目本身是不是非常有创意，同时也应注重创始人是否是闭门造车，是否真正了解客户需求。我们强调所谓的创新创业导师不是创业者贴身服务的"保姆"，导师的使命应该是发掘创业者自身最大的潜力，做不敢做、为不敢为的事。在市场这样一个残酷的天然竞技场，导师更应该做的是下场"陪练"，帮助创业者不断前进、失败再重塑信心。

"最好的孵化器不是给你提供免费的场地、一对一的创业导师、帮助创业者贷款等，而是把你赶出去、逼你见客户，温室里的花朵是很难长成参天大树的。"付利军说。

5.4.3　切实做到"厚德笃学，知行合一"

1. 厚德笃学

明代非常著名的政治家、哲学家王阳明的"阳明心学"有三大纲领——心即理、知行合一、致良知。何谓厚德？司马光在《资治通鉴》中认为："才者，德之资也；德者，才之帅也。""厚德"，是中华民族的精神和优良传统。《易经·坤卦》言："坤厚载物，德合无疆。"意指人的道德修养应像深厚的大地一样容纳人和物，"天无私覆，地无私载"。

何谓"笃学"？"笃"有诚笃不虚、坚持不懈、厚积薄发等含义，如"慎思之，明辨之，笃行之。（《礼记·中庸》）"笃学反映的是一种专心好学，锲而不舍地追求知识、追求真理的学习态度和学习精神。

这三大纲领对创业非常有启发。如果要创业，首先要有创业之心，要有创业的决心、信心和恒心，其次才是创业的实践、创业的方法、创业的逻辑，这个顺序不能反过来。如果没有创业之心，先去研究创业之理，即便把创业的成功案例完全复制一遍，也可能不成功。

2. 知行合一

为响应"大众创业，万众创新"的政府号召，关于"创新与创业教学与实践"的相关课程和活动日益丰富，"双创"先锋不断涌现。越来越多的大学教师投身于"双创"工作，成为创新创业导师，启迪灵感，助力导航，引领创业大学生攻坚克难，成就梦想。这就要求创新创业导师能够做到"知行合一"，更好地用理论引导实践。

"知行合一"是明朝思想家王阳明提出的认识论和实践论的重要命题。王阳明的《传习录》："知之真切笃实处，即是行；行之明觉精察处，即是知。知行工夫，本不可离。只为后世学者分作两截用功，失却知、行本体，故有合一并进之说，真知即所以为行，不行不足谓之知。……"

意思是说，认识达到了真切笃实的程度，便是行动；行动到了明确的感悟和精微察知的程度，便是知。在实践中，知与行本来就是不分离的。只是因为后来学者把知与行截然分开，分别下功夫，背离了知与行的本义，因而才有了"知行合一并进"的观点。真正认识到了就可因此而称其为行动，没有行动就不能称其为真正认识。

在王阳明的知行观里，"知行合一"不是一般的认识和实践的关系。"知"，主要指人的道德意识和思想意念。"行"，主要指人的道德践履和实际行动。"知行合一"有两层含义：一是指"知"和"行"密切相连，不可分割，即道德认识和道德实践同一过程中相互渗透的两个方面，是不可分的；二是指"知"和"行"是并进的，缺一不可。

"知行合一"的价值观要求创新创业导师认认真真求知、踏踏实实行动，既要重视理论知识的学习，更要重视实践经验的积累和自我谋生能力、动手动脑能力的培养，理论与实践相结合，达到理实交融。

3. 要做到厚德笃学、知行合一需要的三种能力

首先，要有专业知识的灵活应用能力。

大学生创业具有明显的专业背景导向，"做自己熟悉的事"是大学生创业项目选择遵循的普遍原则。创新创业导师亦是"术业有专攻"，各擅其长。而专业知识传授与创业指导的目的不同：一个是传道、授业、解惑；一个是启迪、引领、扶持。这一差异就决定了创新创业导师要能够在融会贯通的基础上对专业知识进行"溶解与重铸"，使抽象的概念和创意通过创业团队打

造出具有较强适应性与生命力的产品,以满足社会需求,并获取经济利益。这个从抽象到具体的实现过程要求创新创业导师具备较强的专业知识的灵活应用能力,"破""立"并举,这种专业领域创新能力应是合格创新创业导师具备的首要条件。

其次,要有社会需求的敏锐感知能力。

社会需求的敏锐感知能力,简单地说,就是发现市场的能力。经济越发展,社会需求就越丰富多样,但这并不意味着市场就好"做",利润就"Fat"(丰厚)。在竞争激烈的当下,每一个好市场无不是通过精巧细分才得以发现,其价值才得以挖掘,经营利润才得以实现的。教师久居象牙塔中,眼界囿于 Subject(学科),就会对市场中的 Object(目标)认不清,看不准。这样的创业指导无异于盲人引路,风险重重。因此创新创业导师要摘掉近视镜,拿起望远镜,在眼花缭乱的市场中发现市场,明辨目标,启迪引领,助力导航,扶持学生驶向那片旖旎"蓝海",成就事业,实现梦想。

再次,要有社会资源的协调和利用能力。

除了经验之外,大学生创业最欠缺的往往资源。资源包括人财物、政策、信息等。这些资源从哪里来?如何使用?对此问题创业大学生普遍存在误解。若提到创业启动资金,他们首先会想到使用父母的积蓄,以致很多大学生不但自己创业不成,还会让辛苦一生的父母承担最终风险。这样的做法显然既不合情也不合理。此类问题都应通过创新创业导师的引领得以解决,如引进风险投资、充分利用政府各部门的创业扶持政策、联系入驻适合的创业孵化园区等。

由此,导师在指导大学生创业团队之前应积极获取资源,协调利用,才能在大学生创业全程为他们保驾护航,减低难度,提高成功率。虽然并非要求所有大学生毕业之后就去从事创业活动,参加各项创业大赛也可以达到培养创业意识的目的,但随着各类高校"双创"活动的不断深入,进行真实创业的大学生越来越多了,面对这一挑战,创新创业导师应尽早走出校园,努力挖掘社会资源并充分利用,以便更好地为创业大学生"出点子,找路子"。

对于应用型高校而言,创业活动的核心是学生,导师是关键。创业指导能力的培养途径是"在指导中学习;在学习中指导",内外兼修,知行合一。通过积极实践,努力开拓,勇于担当,大学生创新创业导师的工作能力就会渐上层楼,真正做到"启迪灵感播星火,助力导航护新程"。

5.5 创新创业导师理论方法研究

创业教育需要导师,高质量的创新创业导师队伍也是深入推进创业教育的核心保障之一。创新创业导师研修是一门系统性、开放性、长期性的工作,仅有良好的氛围和几次讲座、几次实践是远远不够的,如何切实加强创新创业导师教育是目前创新创业导师研修阶段亟待解决的问题。创新创业导师队伍要从面上营造注重创新、关心创新的良好氛围,从点上促进创新创业导师相互借鉴,互促互进。而创新创业导师研修的理论体系方法对创新创业导师研修的质量有很大的影响。

　　创新创业导师培训的理论方法很多,除了专家授课教学、案例教学、参与式教学、体验式教学和现场考察外,还可以通过访问、科研合作、国际交流等多样化的方式拓宽教师的国际视野,促进创新创业导师研修专业化。通过培训来培养创新创业导师的创业思想,正确引导学生看待创业,培养学员正确的创业观。接下来主要从创新创业导师理论体系和创新创业导师理论方法两个方面进行阐述。

5.5.1　创新创业导师理论体系

1. 团队组建能力

　　创业关注的核心并不是个人英雄主义的个体创业者,而是卓有成效的创业团队。只有集合并发挥集体的智慧和力量才能取得更好的成绩,获得更大的胜利和成功。创新创业导师也是创业团队的一个成员,每一组织的管理层都应该重视团队建设的重要性。创新创业导师应学会培养创业者的团队组建意识,塑造团队成员拥有共同的价值观,往往价值观影响创业团队的成败。

2. 创新思维

　　每个创业者都需要突破定式思维,掌握创新思维的方法。所以在创新创业导师研修过程中应积极培养创新创业导师传授创业者创新思维的能力。创业者需要发散思维,能够大跨度地进行联想,在解决公司问题的时候不拘泥于一点或一条线索;也需要聚合思维,在发散思维的基础上,集中各种想法的精华,最后寻得一种最有实际应用价值的结果。

3. 创业思维

　　每个创业者都需要精益创业的创业思维,在创业初期应学会聚焦用户内心真实渴望的需求,在变化的环境中不断试错,从试错中不断获取认知,在迭代认知的基础上,最终调整创业路径,所以在创新创业导师研修过程中应积极培养创新创业导师传授创业者创业思维的能力。

4. 机会发现

　　挖掘并开发问题资源比挖掘优势资源更容易体现出效果。每个创业者都应该拥有挖掘问题的能力,所以在创新创业导师研修过程中应积极培养创新创业导师传授创业者机会发现的能力。创新创业导师也应培养创业者学会运用问题分析的方法,培养团队的合作意识和分析问题的能力。

5.5.2　创新创业导师理论方法

1. 专家授课教学模式

　　首先,创新创业导师应该具有良好的教学培训能力,只有采用良好的教学方法才能把创业知识更有效地传递给学生。可以邀请创业教育专家、教授来对创新创业导师进行集中培训,讲授有关创业教育课程的教学方法和教学技能。在专家授课结束后,可以组织自由沙龙活动。创业教育是教育实践探索的新领域,应该遵守边学习、边实践的原则,鼓励教师自学成才。活动中,创新创业导师可以与专家教授一起来评价和研究课堂教学,分享教学经验、教学方法,通过备课、说课、评课等一系列活动,不断提高课堂教学水平。

其次,从事创业教育的导师应该具有多元化的创业专业知识,熟悉创业政策,对创业流程有较丰富的创业经验,而不仅仅停留在理论层面,目前创新创业导师对创业教育规律把握不够,不能结合企业特点和课程内容将创业教育知识渗透到教学的各个方面。可以邀请政府部门公务员、企业管理人员对创业企业进行系统的讲解和分析,在这一教学模式中,鼓励创新创业导师与授课专家进行问题的交流互动,使创新创业导师了解创业政策和创业的实际流程。

2. 参与式教学

填鸭式教学只能从书本到书本、从理论到理论,很难解决实战问题,创新创业导师就无法对创业规律有更实际的见解。授人以鱼不如授人以渔,创新创业导师的指导方式不能仅仅局限于填鸭式教学。参与式教学法强调一种新的教学双边关系,教师与学生以平等的身份参与到教学活动中,他们共同讨论、共同解决问题,使"教"与"学"二者在教学中得到和谐、充分的发挥。这种方法以学生为中心,鼓励学生参与教学过程,受教育者在明确的教学目标指导下,运用科学的方法,在民主、宽容的课堂环境中,积极主动地、具有创造性地介入教学活动的每一个环节,从而接受教育、获取知识并发展能力。市场变化是复杂的,为了避免填鸭式教学的出现,在课堂教学可以采用参与式教学的方式,将创业理论知识与案例相结合,使创新创业导师对理论知识有更深刻的理解,提高创新创业导师研修的质量。

主要有以下几种直接有效的教学方法:头脑风暴法、案例分析法、角色扮演法和商业游戏法。

1)头脑风暴法

首先提出某个社会现象或问题,在宽松自由的氛围下,鼓励创新创业导师奇思妙想,自由发挥,尽可能提出与众不同的想法,通过随心所欲的联想,让学员们更有效地理解和掌握知识。

2)案例分析法

通过对具体案例的描述,引导创新创业导师对案例中存在的问题进行分析讨论,从而培养分析问题和解决问题的能力。选择案例分析法需要注意的是案例既要求典型直观又需要具备一定的趣味性和实践性,进而来保证案例分析法的实施成效。

3)角色扮演法

通过设定某项活动的情景和题材,让创新创业导师扮演其中的各种角色,在真实的模拟情景中,通过体验所扮演角色的行为方式,感受所扮演角色的心态和行为,从而加深对知识的理解和灵活运用。团队内的成员分别来扮演不同人员(经理、采购人员、财务人员、销售人员)来共同完成项目的具体经营,使学生在角色扮演和角色交往中,对团队成员之间的分工合作、优秀创业团队应具有的理念等有着更直接、更深刻的理解和把握。

4)商业游戏法

商业游戏法就是将某项经营活动教学设计成游戏的形式,组织学生进行实际经营演练和感受企业经营活动的一种教学方法,让学生在"做"中"学",教师在"做"中"教",是一种寓教于乐的教学方法。通过游戏,学生可以把自己的想法和决策完全实施到游戏之中,身临其境地体验经营的全部过程,感受经营可能存在的风险。

3. 体验式教学

创业是一种实践性很强的活动,创新创业导师的经历、经验和学识很大程度上决定着教学效果,因此在创新创业导师培训上要更加注重创业的实践性。当前不少导师缺乏创业时间精力,甚至没有在企业就业的经历,对创业教育规律把握不够,直接导致创业培训作用的弱化。为更好地对创新创业导师进行培训,一方面适当鼓励创新创业导师参与企业挂职锻炼、企业咨询、创办经营企业,增加其管理实践能力,培养具有良好创业素养的创新创业导师。创新创业导师的成功创业会激发学生的创业欲望,培训时更能吸引学生的注意力,为学生提供榜样。另一方面组织创新创业导师定期参加创业组织、协会的活动或企业家交流创业经验的活动,获得创业教育、教学的新材料和新信息。体验式的培训,使创新创业导师深入生产第一线,寻求创业理论与实践的结合点。在改善导师创业知识结构的同时,增强创新创业导师的创业实践,提升导师的创业教学能力。

通过创新创业导师理论方法的研究,对创新创业导师培训的理论方法进行深入思考,培养既有扎实的创业基础知识、较高的创业理论教学水平,又有规范的创业技术指导能力的创新创业导师,培养熟悉掌握企业的运作、发展、管理与经营的联系与规律,同时驾驭创业教育理论课和实践课的"双师"型导师。

第6章

创新创业导师服务模式

6.1　创新创业教育

从 1947 年美国哈佛大学商学院开设创业课程至今,创新创业教育在国外已有 70 多年的历史。20 世纪 80 年代以来,在美国、英国、日本等国家,以及联合国教科文组织、经济合作与发展组织等国际组织的推动下,创新创业教育成为一种世界性的教育改革趋势。在国外,创新教育和创业教育是两个既相互联系但又有明确区分的概念。我国则将创新看作创业的基础和核心,把创新教育与创业教育相融合,提出了创新创业教育的概念。

联合国教科文组织定义:"创业教育,从广义上来说是指培养具有开创性的个人,它对于拿薪水的人同样重要,因为用人机构或个人除了要求受雇者在事业上有所成就外,正在越来越重视受雇者的首创、冒险精神,创业和独立工作能力及技术、社交、管理技能。"

近年来,国务院办公厅先后发布一系列创新创业相关文件,提出加强创新创业教育和创新创业导师的建设。使受教育者能够在社会经济、文化、政治领域内进行行为创新,开辟或拓展新的发展空间,并为他人和社会提供机遇的探索性行为的教育活动。

6.1.1　创新创业政策对创新创业导师的要求

1. 2015 年相关政策

2015 年 3 月,中共中央、国务院发布《中共中央国务院关于深化体制机制改革加快实施创新驱动发展战略的若干意见》指出,聘请知名科学家、创业成功者、企业家、风险投资人等各行各业优秀人才,担任专业课、创新创业课授课或指导教师,并制定兼职教师管理规范,形成全国万名优秀创新创业导师人才库。将提高高校教师创新创业教育的意识和能力作为岗前培训、课程轮训、骨干研修的重要内容,建立相关专业教师、创新创业教育专职教师到行业企业挂职锻炼制度。

2015 年 5 月,《国务院办公厅关于深化高等学校创新创业教育改革的实施意见》指出,各地区、各高校要建立健全学生创业指导服务专门机构,做到"机构、人员、场地、经费"四到位,对自主创业学生实行持续帮扶、全程指导、一站式服务。

2015 年 12 月,教育部下发《关于做好 2016 届全国普通高等学校毕业生就业创业工作的通知》指出，从 2016 年起所有高校都要设置创新创业教育课程，对全体学生开设创新创业教育必修课和选修课，纳入学分管理。对有创业意愿的学生，开设创业指导及实训类课程。对已经开展创业实践的学生，开展企业经营管理培训。

2. 2016 年相关政策

2016 年 11 月，《国务院办公厅关于支持返乡下乡人员创业创新促进农村一二三产业融合发展的意见》指出，鼓励各类培训资源参与返乡下乡人员培训，支持各类园区、星创天地、农民合作社、中高等院校、农业企业等建立创业创新实训基地。采取线上学习与线下培训、自主学习与教师传授相结合的方式，开辟培训新渠道。加强创业创新导师队伍建设，从企业家、投资者、专业人才、科技特派员和返乡下乡创业创新带头人中遴选一批导师。

2016 年 12 月，《教育部关于做好 2017 届全国普通高等学校毕业生就业创业工作的通知》指出，各地各高校要加强创新创业教师队伍建设，聘请行业专家、创业校友等担任创新创业导师。

3. 2017 年相关政策

2017 年 7 月，国务院印发的《关于强化实施创新驱动发展战略进一步推进大众创业万众创新深入发展的意见》指出，鼓励科技人员、中高等院校毕业生、留学回国人才、农民工、退役士兵等有梦想、有意愿、有能力的群体更多投身创新创业。加强科研机构、高校、企业、创客等主体协同，促进大中小微企业优势互补，推动城镇与农村创新创业同步发展，形成创新创业多元主体合力汇聚、活力迸发的良性格局。

2017 年 12 月，《教育部关于做好 2018 届全国普通高等学校毕业生就业创业工作的通知》指出，建立健全国家、省级、高校大学生创业服务平台，聘请行业专家、创业校友等担任导师，通过举办讲座、论坛、沙龙等活动，为大学生创业提供信息咨询、管理运营、项目对接、知识产权保护等方面的指导服务。

通过这些政策可知，推进"大众创业、万众创新"是中国经济发展到当前阶段的一个必然选择。为充分发挥各行、各业、各类专业人士在服务创业过程中的巨大作用，为其配备相应的创新创业导师，提高创业的信心和成功，激励和帮助更多创业者实现自主创业势在必行。

6.1.2　创新创业导师在创新创业教育中的作用

创新创业导师有很多种类型，如政策指导型、技能辅导型、投资融资型等。创新创业导师的作用主要是：充分发挥各行业、各类专业创新创业导师在服务创业过程中的巨大作用，为创业者配备创新创业导师，由创新创业导师陪伴其创业，提高创业的信心和成功，激励和帮助更多创业者实现自主创业；为企业家、行业精英、高校学者等提供一个交流对接平台，增强不同行业之间的互动和连接，为创新创业导师自身发展提供服务；发挥优秀创新创业导师传帮带的引领作用，加强对创业者的指导，使创业者在企业经营管理方面能够迅速步入正轨，提升所创办企业的整体实力；帮助初创业者减少创业弯路，提供政策指导、技术支持和投资融资等，提高创业成功率。

6.1.3　创新创业教育内容及模式

1. 创新创业教育内容

创新创业教育专家布罗克豪斯认为："教一个人成为创业者，就如同教一个人成为艺术家一样。我们不能使他成为另一个梵·高，但是我们却可以教给他色彩、构图等成为艺术家必备的技能。我国高校开展创新创业教育，目的不是使每个学生都去创业，更重要的是培养学生的创业精神和创业能力。它就是一个持续不断的过程，应贯穿于学前教育、初等教育、中等教育、高等教育、继续教育等各阶段，而不能指望在高等教育阶段毕其功于一役。

创新创业教育的内容应形成一个涵盖政策法规解释、理论指导、信息提供、技巧培训、情境模拟、实践训练等内容的体系完整、针对性强、理论与实践相结合的创新创业教育课程群，引导创业者提高对自我、职业和环境的认识，帮助创业者树立积极正确的创业观，帮助创业者系统学习创业知识与技能，了解创业过程与模式，掌握创业方法与步骤。

2. 创新创业教育模式

20 世纪 90 年代以来，美国大学创新创业教育发展进入成熟阶段，很多大学都开设创新创业教育课程，建立创业活动中心、创新创业教育研究会等，成立大学科技园、风险投资机构、创业资质评估机构等，形成了高校、社区、企业良性互动的创新创业教育系统。美国大学创新创业教育的迅猛发展，得益于其不断探索与院校发展目标相一致的、行之有效的创新创业教育模式。

创新创业教育模式有以下两种：

（1）聚集模式。它是传统的创新创业教育模式。在这种模式中，创业者（大学生）经过严格筛选，课程内容呈现出高度系统化和专业化的特征，创新创业教育所需的师资、经费、课程等都由商学院和管理学院负责，学生严格限定在商学院和管理学院。这种纯粹性决定了"聚集模式"创新创业教育能够系统地进行创新创业方面的教学，其毕业生真正进行创业的可能性及比例非常高。

（2）磁铁模式。这种模式的创新创业教育往往先在商学院和管理学院成立创新创业教育中心，通过整合所有资源和技术吸引来自全校范围内的、有着不同专业背景的学生。这种模式为商学院和管理学院之外的学生提供创新创业教育而不涉及经费、师资等方面的变革。所有创新创业教育和活动由统一的创新创业教育中心负责协调和规划，师资和经费也由创新创业教育中心统一调配管理。

（3）辐射模式。它是一种全校性的创新创业教育模式，不仅要创设良好的氛围为非商学专业学生提供创新创业教育，还应该鼓励不同学校的教师积极参与创新创业教育过程。在管理体制上，学校层面成立了创新创业教育委员会，负责协调和指导全校范围创新创业教育的开展；所有参与学院负责实质性的创新创业教育和活动，根据专业特征筹备资金、师资、课程等。协调和如何动员更多优秀教师参与创新创业教育项目是"辐射模式"面临的难题和挑战。

目前，国内高校大多采用辐射模式，根据教育部文件，各个省、市及高校都出台了一系列创新创业教育和实践文件，推动不同群体的创新创业活动。

6.1.4　创新创业教育开展途径

国内高校创新创业教育的实施始于 20 世纪末。1998 年，清华大学举办首届清华大学创业计划大赛，成为第一所将大学生创业计划竞赛引入亚洲的高校。2002 年，高校创业教育在我国正式启动，教育部将清华大学、中国人民大学等 9 所院校确定为开展创业教育的试点院校。二十多年来，创新创业教育逐步引起了各高校的重视，一些高校在国家有关部门和地方政府的积极引导下，进行了有益的探索与实践。目前国内高校的创新创业教育开展途径主要有以下方式：

(1) 以各类创新创业竞赛为载体，开展创新创业教育。

(2) 以创新创业课程（包括在线课程）为依托，开展创新创业教育。

(3) 以创新创业导师讲座或专项辅导为手段，开展创新创业教育。

(4) 以各种创业基地、孵化器、众创空间等为基地，开展创新创业教育。

总之，创业教育的最终落脚点在创业者，创新创业导师要加强对创业者进行指导和帮扶，只有创业者接受了创新创业观念，并勇于去实践创新创业，创业教育才起到了实际的效果。

6.2　创　业　训　练

6.2.1　创业者职业素养与能力

1. 创业者的职业素养

创新创业导师在诊断创业项目能否生存的首要因素之一，是创业者的职业素养。

创业者需要具备的职业素养包括创业动机、积极主动、做出承诺、承担风险、决策能力、领导管理能力、制造企业场域、家庭支持场域等领袖气质、基本的商务礼仪。

1) 创业动机是创业成功首要因素

创业者必备的强烈的创业动机、坚定顽强的创业意志力——不创业，就难受，就找不到良好的生存状态。创业者在开始之前，可以反复问自己，我为什么要创业，我的目标是什么，我具备什么资源，为了达成这个目标，我愿意付出什么样的努力；如果遭遇挫折，我将如何再起炉灶。

2) 积极主动、践行创业梦

创业者对困难与问题怀有极大的热情与信心，积极主动付出行动。创业是带领一帮人奔着同一个梦想出发，创业者是主角。

3）做出承诺

创业团队需要梦想引领，更需要老板的承诺；企业要生存发展，需要创业者无条件地倾注时间与精力，这一切需要创业者做出承诺。

4）诚实

诚信创业。企业在不诚实的创业者带领下，是不可能创建诚信口碑的，不诚信的企业也走不远的。

5）承担风险

创业必定面临风险。创业者必须有冒险精神，有承担挫折与失败等风险的勇气。

6）做出决策

按照企业的生命周期，企业在初创期，依据企业的商业地图，创业者需要时刻保持警醒。一年、半年，甚至三个月的战略都需要随时灵活调整。你必须运筹帷幄、做出正确的决策。

7）企业管理能力

企业管理能力包括指导与支持（授权）。创业者需要根据企业面临的情境，诊断团队员工发展的阶段、灵活匹配领导形态、建立共赢伙伴关系。

8）创造家庭与企业场域能力

创业者的个人资源与社会、团队、家庭的支持资源密切相关。

9）商务礼仪

商务礼仪包括仪容、形体、着装、会议、接待、办公、餐饮等商务礼仪常识，帮助初创企业的人员更快适应职场。

2. 创业者的内在修炼：正念领导力

创新创业导师自身不断修习正念（正念是以一种特定的方式来觉察，即有意识地觉察），以自身表现，为创业者提供培训，培养、训练创业者不断提升内省、觉察力，提升创造力，在新商业环境中引领创业团队不断前行。

这是一个从给予创业者"术"到授之以"道"的质的飞跃。培训分两个阶段：第一个阶段是介绍，将正念领导力的概念、态度、主要内容及带来的成果做简单而准确的体验式介绍；第二个阶段是八周正念之旅，陪伴带领创业者们做修习正念，将正念融入创业、融入生活。

从创业者踏上创业之路的第一步起，就开始了创业者内在的成长与修炼。卓越创业者时刻关注自己的内在正在发生什么变化，保持开放式觉察。

"通过正念练习的训练，我们的心会更加专注和清明，也给创造力提供了更多的心灵空间，以及更多（身心）联结的感觉；同时培养出对我们自己和周围所有人更多的慈爱与同情心。"通用磨坊食品公司原副总裁 Janice Marturano 说。

108

"如果你坐下来静静观察,你就会发现自己的心灵有多么焦躁……但是时间久了总会平静下来,心里就会有空间让你聆听更加微妙的东西,这时候你的直觉就开始发展,你看事情会更加透彻,也更能感受到现实的环境。当你的内心逐渐平静下来,你的视野会极大地延伸。你能看到之前看不到的东西。这是一种修行,你必须不断地练习。"摘录自《史蒂夫·乔布斯传》,沃尔特·艾萨克森著。

创新创业导师培养创业者建立正念态度,将正念融入日常企业行为里。几个关键点的正念融入,支持卓越的创业者正念引领企业走向未来。

1) 正念决策

(1) 对当下的身心了解分明,清楚知晓自身念头、情绪和想法的现状;当这三者处于和谐稳定、平静通畅的状态时,再做决策;

(2) 保持脑、心、腹的平衡状态:对分析判断时耳边的噪音、内心的稳定力量、决策的勇气与意志力,了解分明;

(3) 留意 VUCA(Volatility 易变性、Uncertainty 不确定性、Complexity 复杂性、Ambiguity 模糊性)的现实与"完美"的抉择的冲突:留意到惯性的完美主义倾向、"三思而后行"模式,拥抱现实的未知性、开放性,洞察当下并不完美的决定,允许当下适当的决策。

做出快而稳定、从容坚定、清晰的决策。

2) 正念沟通

正念沟通的步骤如下:

(1) STOP,有意识暂停;

(2) 对当下的现状保持开放式觉察;

(3) 深度聆听(探询),聆听对方说出来的和没有说出来的意图;

(4) 沉思一会儿,做充分的信息匹配;

(5) 真实表达(友善,带着不伤害他人的意愿)。

做出明智、友善而有效的沟通。

3) 正念会议

正念会议的步骤如下:

(1) 会议前的正念,静坐、站或正念三分钟小练习。

(2) 设置正念之铃,促进正念沟通。

(3) 遵循流程与内容。

(4) 营造正念场域。

创业者在创业中发挥着核心作用,要让自己保持正念的状态……(请保持觉察)别人会自觉或不自觉地从你的状态中获得什么样的信息呢? 什么样的恐惧、渴望和需求在驱动着你? 也可以考虑邀请创业团队内部或外部的某个人作为创业者的一面镜子,帮助你保持正念。你越是心怀信任、爱与关切,越是头脑清醒、意志坚定,创业的生存与发展就会变得越容易。

正念创业者,有卓越领导者的几个特质如下:

(1) 自我教练,终身学习。

(2) 真实的力量(Authenticity,Vulnerability):越真实越踏实,越踏实越有力量。

(3) 内在强大不竭的驱动力(Drive),拥有自主性、自由度和内心的动力,不再追求别人的认可。

(4) 眼里有人,人格完整(Compassion,Curiosity,Wholeness)。

(5) 从英雄式创业者进化为创业的服务者、催化师、感知者、场域塑造者(创造场域,让员工更加人性),从我到我们,到创业生态化。

引用的八周正念之旅的个人练习如表6-1所示。

表 6-1 《正念领导力:卓越领导者的内在修炼》建议的个人练习

周期	每日新探索(10分钟以上)	每日有意识地暂停 STOP	反思
第一周	呼吸与声音正念练习	每日 3 次以上	探索觉知三角
第二周	正念桌椅练习	每日 3 次以上	什么是卓越领导力
第三周	呼吸与声音练习与正念桌椅练习交替	每日 3 次以上	日程反思表
第四周	正念沟通练习 正念行走	每日 4 次以上	保持觉察,关注习惯模式
第五周	观念头与情绪,想法	每日 4 次以上,包括 1 次正念会议	什么是你的领导力原则
第六周	正念沟通练习 慈心练习	每日 5 次以上,包括 1 次正念会议	你想成为什么样的人
第七周	每日选择两个正念练习	每日 5 次以上,尽可能多	保持开放式觉察,将反思融入生活与工作每一时刻
第八周	团队正念练习	每周 1 次以上	团体练习,滋养场域

6.2.2 创业团队组建

在这个模块里,创新创业导师要让创业者清晰、明确创业团队里需要几个重要角色、组织架构及如何架构和管理你的团队。

1. 选择你的创业团队成员

初创企业以小规模形态出现。一般有以下几个重要角色:创业者(CEO、创业团队领导者);合伙人或者股东;一般员工;管理咨询专家顾问。

1) 创业者

一般创业者就是企业的CEO、总经理,也是创业团队领导者。一般称为"企业主"。他主要承担的职责是:

（1）开发并引领创意 IDEA，并有清晰的目标、价值主张与行动计划。

（2）分配调度团队成员，执行行动计划。

（3）过程跟进与协调，达成计划目标。

2）合伙人或股东

创业需要多方面的资源，包括经济资源、社会关系资源、团队运营管理能力资源等多方面资源。如果是多人共同创业，那么，其他合作伙伴将成为你的合伙人或股东，风险与责任共担、收益共享。

企业需要以法律文本的形式明确各个合伙人或股东的权力、责任与义务。

各个合伙人或股东之间的合作要真诚、透明，信息要对称；合伙人之间需要达成一致的意见，或者商定达成共识的途径，并遵照执行。

3）一般员工

创业者及合作伙伴们往往也是企业的员工。一般非核心工作会通过雇佣社会职业人士全职或兼职者来完成。

4）管理咨询专家顾问

创业者可以借鉴更有经验的管理咨询专家的意见或建议，为创业之路保驾护航。创业团队成员一般不具备全能素质，可以聘请一些领域内的专家成为顾问。

2. 构建企业架构

创新创业导师为创业者提供相互关系简单、组织架构简单的组织设计辅导。

设计组织架构需要注意按需设岗，人岗匹配原则，让组织架构简单而有效。

1）初创企业组织架构以直线职能式（总体而言是扁平式）为常态架构

在多个合伙人、股东的企业中，确定一个 CEO；下设几个职能部门，每个职能部门各设 1 名负责人，每个部门负责人均由这个 CEO 直接领导。一般初创企业应该设立行政管理、市场营销、生产研发、财务管理等部门。

2）设计完整的组织架构

具体如下：

（1）明确企业内部具体工作类别，划分工作职能，成立部门。

（2）明确各个职能部门之间的协作关系。

（3）明确各职能部门之间的协作内容，将内容具体化呈现。

（4）按上述协作内容设立岗位、确定人员。

3. 创业团队管理

创新创业导师在企业管理方面需具体指导以下工作：

1）企业岗位职务说明书

按照企业架构中各岗位承担的具体工作内容，启发创业者确立每个岗位的职务内容，明确该岗位名称、需要做的具体工作说明、该岗位在企业架构中的位置，以及该岗位员工所应具备的重要素质和技能等。

2）招聘企业员工

引导创业者需要明确的几个内容：需要招聘的员工岗位、他应该具备什么样的技能，以及企业需要为这些员工支付多少工资。招聘时，需要有技巧地掌握员工基本情况与个人价值取向，以判断他能为企业做出哪些价值、企业将为此支付多少成本，以及后续如何培训发展、合作。

介绍并引导创业者建立完整的招聘流程，包括明确招聘需求、发布招聘信息、面试、签订合同、试用、转正等几个环节。

招聘中有一些技巧性的询问如下：

（1）你为什么来应聘，原因是什么？

（2）你原来在哪儿做过什么工作，为什么离开？

（3）你希望做什么岗位，你是如何理解这个岗位的具体工作的？

（4）你认为自己的优势是什么？你认为自己的弱项是什么？

（5）你工作之余的时间是如何度过的？

（6）如果你的同事对你不友善，你怎么处理？

（7）谈谈你的家庭成员……

（8）与你交往时间最长的好朋友有多久，他现在与你的关系怎样？

（9）你希望自己能得到多少经济报酬？你将为此做哪些打算？

询问时，多提开放式问题，以便对应聘者了解多些、尽可能深入些；或者采取专业的职业测评技术判断应聘人员对应聘岗位的匹配度。

一场成功的招聘会为企业节省不少成本。

3）培养管理员工

员工队伍一旦建成，培养与管理成为创业者最重要的任务之一。

创新创业导师需要提醒创业者，培养管理员工，需要考虑周全。你必须考虑到成本，精打细算，尽可能让每一位招聘来的员工留下来，高效地投入工作。

人性化管理能支持你留住员工，并让员工愿意投入到企业建设与发展中来。

（1）明确每位员工的具体工作内容，说清楚这些工作与企业发展的关系；

（2）明确每位员工的工资与绩效，并明确绩效管理具体内容；

（3）明确每位员工在本企业的职业生涯发展曲线，让员工对企业的未来产生憧憬；

（4）帮助员工融入团队；

（5）按时兑现工资与绩效，以及一切激励措施；

（6）提供培训学习机会，帮助员工成长；

（7）提供犯错机会，为员工创造足够的成长空间；

（8）定期组织活动，提供员工福利，深化员工与企业的连接。

（9）关爱员工，视其如家人，在他有困难的时候、自己有条件的情况下帮助他。

4）找个专家做顾问

创新创业导师支持创业者从行业协会、政府相关机构或知名企业中，寻找可靠的行业专家资源，聘请专家做顾问，少走弯路。

6.2.3　商业模式画布与创业计划书撰写

创新创业导师需要掌握商业模式画布这个工具，并通过使用这个工具，辅导创业者根据自己心中的 IDEA，形成商业地图，描绘出商业画布，构建完整的商业逻辑。

在创业之初，撰写出自己的创业计划书，以进一步梳理、落地和呈现创业思维。

创业计划书可以支持创业者以规范、明确的文字形式，向投资融专家、创业辅导导师及其他社会资源展示自己的商业计划。

1. 商业模式画布

商业模式画布又称九宫图，是商业领域里可视化展示商业思维、商业逻辑的一种常用方法。目前，这种方法在各大高校创业培训中得到广泛运用。商业模式画布的培训导师们，可以使用以下培训计划中的方法和内容。

培训目标：掌握商业模式画布的设计制作方法；掌握商业模式画布的优化方法。

培训对象：创业 6 个月及以上的创业者；

培训时长：2 天；

培训地点：室内，多媒体大教室（会议室）；

培训教材：学员手册（含讲授 PPT）及管理报表；

培训方式：集中式培训；

培训方法：案例分析、讲授、头脑风暴。

培训内容如下：

第一讲：商业模式画布的定义及展示。

画布是一种用来描述、可视化、评估、改变商业模式的通用语言；

商业模式是企业如何创造价值、传递价值和获取价值的基本原理。

这个框架可以作为一种共同语言，让你方便地描述和使用商业模式，来构建新的战略性替代方案。

第二讲：商业模式画布的九个模块（九宫图）的具体定义及内容。

① 核心资源：

我们的价值主张需要什么样的核心资源？

我们的渠道通路需要什么样的核心资源？

我们的客户关系呢？收入来源呢？

② 关键业务：

我们的价值主张需要哪些关键业务？

我们渠道通路需要哪些关键业务？

我们的客户关系呢？收入来源呢？

③ 客户细分：

以客户为中心：我们正在为谁创造价值？谁是我们最重要的客户？

④ 价值主张：

11 个要素，解决以下几个问题：

我们针对哪些客户细分提供什么样的价值主张？

我们该向客户传递什么样的价值？

我们帮助客户解决哪一类难题？

正在满足哪些客户需求？

正在提供给客户细分群体哪些系列的产品或服务？

⑤ 渠道通路：

如何接触你的客户？

通过哪些渠道可以接触我们的客户细分群体？

我们的渠道如何整合？

哪些渠道最有效？哪些渠道成本效益最好？

如何把我们的渠道与客户的例行程序进行整合？

关于渠道：直接渠道与间接渠道；自有渠道与合作伙伴渠道。

⑥ 客户关系：

你如何建立客户关系？

客户希望我们与之建立和保持何种关系？

哪些关系我们已经建立了？这些关系成本如何？

如何把它们与商业模式的其余部分进行整合？

⑦ 重要合作：

谁是我们的重要伙伴？谁是我们的重要供应商？

我们正在从伙伴那里获取哪些核心资源？

合作伙伴都执行哪些关键业务？

⑧ 成本结构：

什么是我们商业模式中最重要的固有成本？

哪些核心资源花费最多？

哪些关键业务花费最多？

⑨ 收入来源：

你如何用商业模式赚钱？

什么样的价值能让客户愿意付费？

他们是如何支付费用的？他们更愿意如何支付费用？

每个收入来源占总收入的比例是多少？

第三讲：几种重要的商业模式画布。

① 非绑定式商业模式；

② 长尾式商业模式；

③ 多边平台式商业模式；

④ 免费式商业模式；

⑤ 开放式商业模式。

第四讲：我们企业的商业模式画布制作与评估优化。

① 剔除给企业带来高成本低价值的部分；

② 增加给企业带来低成本高价值的部分。

2. 创业计划书撰写

创新创业导师辅导创业者做出自己的创业计划书。

创业者往往在创业初期需要规划创业团队架构、市场分析、销售及财务管理等重要创业内容。

创业者往往在制作计划书的过程中再度对自己的创业 IDEA 进行沉淀，对市场进行深度可行性分析，找到创业成活的机会，整理创业团队内部建设及财务管理。创新创业导师往往需要花费大量的时间与精力，辅导创业者对未来一年（12 个月）的销售收入进行预测、梳理已经或可能发生的销售成本及预测现金流量。

案例 12

创业计划书实例

创业计划书

企业 名 称 _____

创业者姓名 _____

日　　　期 _____

通 信 地 址 _____

邮 政 编 码 _____

电　　　话 _____

传　　　真 _____

电 子 邮 箱 _____

目　　录

一、企业概况

主要经营范围

企业类型：

□ 生产制造　　　　□ 零售　　　　□ 批发　　　　□ 服务　　　　□ 农业

□ 新型产业　　　　□ 传统产业　　□ 其他

二、创业计划作者及主要合伙创业者的个人情况

创业计划作者以往的相关经验（包括时间）

创业计划作者教育背景,所学习的课程（包括时间）

主要合伙创业者以往的相关经验（包括时间）

主要合伙创业者教育背景,所学习的课程（包括时间）

三、市场评估

目标客户描述：

市场容量或本企业预计市场占有率：

预计市场占有率为：

市场容量的变化趋势：

竞争对手的主要优势：

竞争对手的主要劣势：

本企业对于竞争对手的主要优势：

本企业相对竞争对手的主要劣势：

四、市场营销计划

1. 产品

产品或服务	主要特征

2. 价格

产品或服务	成本价	销售价	竞争对手的价格

折扣销售	
赊账销售	

3. 地点

（1）选址细节。

地址	面积（平方米）	租金或建筑成本

（2）选择该地址的主要原因：

（3）销售方式（选择一项并打√）：

将把产品或服务销售或提供给：　　　□ 最终消费者　　　□ 零售商　　　□ 批发商

（4）选择该销售方式的原因：

_____

_____

_____

4. 促销

人员推销		成本预测	
广告		成本预测	
公共关系		成本预测	
营业推广		成本预测	

五、企业组织结构

企业将登记注册成：

□ 个体工商户　　□ 有限责任公司　　□ 个人独资企业　　□ 合伙企业　　□ 其他

拟议的企业名称：

企业的员工（请附企业组织结构图和员工工作描述书）：

职务	月薪
_____	_____
_____	_____
_____	_____
_____	_____

企业将获得的营业执照、许可证：

类型	预计费用
_____	_____
_____	_____
_____	_____

合伙（合作）人与合伙（合作）人协议：

内容\条款 \ 合伙人				
出资方式				
出资数额与期限				
利润分配和亏损分摊				
经营分工、权限和责任				
合伙人个人的责任				
协议变更和终止				
其他条款				

六、固定资产

1. 工具和设备

根据预测的销售量,假设达到 100% 的生产能力,企业需要购买以下设备:

名　　称	数量	单价	总费用(元)

供应商名称	地　　址	电话或传真

2. 交通工具

根据交通及营销活动的需要,拟购置以下交通工具:

名　　称	数量	单价	总费用(元)

供应商名称	地　　址	电话或传真

3. 办公家具和设备

办公室需要准备以下物品:

名　　称	数量	单价	总费用(元)

供应商名称	地　　址	电话或传真

4. 固定资产和折旧概要

项 目	价值（元）	年折旧（元）
合 计		

七、流动资金（月）

1. 原材料和包装

项 目	数量	单价	总费用（元）

供应商名称	地 址	电话或传真

2. 其他经营费用（不包折旧费和贷款利息）

项 目	费用（元）	备 注
业主工资		
雇员工资		
租 金		
营销费用		
公用事业费		
维 修 费		
保 险 费		
登记注册费		
其 他		
合 计		

八、销售收入预测（12个月）

销售的产品或服务	月份 销售情况	1	2	3	4	5	6	7	8	9	10	11	12	合计
（1）	销售数量													
	平均单价													
	月销售额													
（2）	销售数量													
	平均单价													
	月销售额													
（3）	销售数量													
	平均单价													
	月销售额													
（4）	销售数量													
	平均单价													
	月销售额													
（5）	销售数量													
	平均单价													
	月销售额													
（6）	销售数量													
	平均单价													
	月销售额													
（7）	销售数量													
	平均单价													
	月销售额													
（8）	销售数量													
	平均单价													
	月销售额													
合计	销售总量													
	销售总收入													

九、销售和成本计划

项目	金额（元）/月份	1	2	3	4	5	6	7	8	9	10	11	12	合计
销售	含流转税销售收入													
	流转税（增值税等）													
	销售净收入													
成本	业主工资													
	员工工资													
	租金													
	营销费用													
	公共事业费													
	维修费													
	折旧费													
	贷款利息													
	保险费													
	登记注册费													
	原材料（列出项目）													
	物流													
	总成本													
	销售数量													
	平均单价													
	月销售额													
利润														
税费	企业所得税													
	个人所得税													
	其他													
净收入（税后）														

十、现金流量计划

项目 \ 金额(元) \ 月份		1	2	3	4	5	6	7	8	9	10	11	12	合计
现金流入	月初现金													
	现金销售收入													
	赊销收入													
	贷款													
	业主投资													
	可支配现金(A)													
现金流出	现金采购支出(列出项目)													
	物流													
	赊购支出													
	业主工资													
	员工工资													
	租金													
	营销费用													
	公用事业费													
	维修费													
	贷款利息													
	偿还贷款本金													
	保险费													
	登记注册费													
	设备													
	其他(列出项目)													
	总成本													
	税金													
	现金总支出(B)													
月底现金(A-B)														

126

6.3　创业专题讲座

创业专题讲座指对面向对象提供以创业为主题的公开讲座,其内容包括创业心理、创业流派、创业相关知识、创业实践等,以及基于讲座形成后续的跟踪服务。

6.3.1　创业专题讲座的对象

创业专题讲座的面向对象通常有 4 种,分别为创业者、创业环境提供者、在校大学生、创业政策制定者。

1. 创业者

创业者包括已经从事进行创业的人员及团队和有明确意向进行创业的人员及团队(准创业者)。

面向创业者的讲座主要以创业实践和创业案例分析为主,并且能够在讲座现场对创业者即时提供的个体创业困境进行分析及讲解。

创新创业导师应具备大量的创业实战能力包括工商、财税、融资、政策分析等方面的经验,同时具有良好的反应能力及抗压能力。

2. 创业环境提供者

创业环境提供者包括各类产业园区、加速器、孵化器、众创空间、类孵化器、创业类中介服务机构等各类双创机构及相关服务业机构。

面向创业环境提供者的讲座以创业活动中创业者具体面临的问题及困境,及创业环境提供者应该如何满足及解决创业者的问题及如何实现双赢。

创新创业导师应具备在双创机构的工作经验,具有解决实际问题的能力,要双向知识皆通,有反向思维能力。例如,如何满足创业者要求又不使双创机构损失过大,创业者的求财欲望与双创机构无力在资本上进行扶持的现实问题等。

3. 在校大学生

在校大学生指尚未毕业的本科生、研究生及具有明确技能方向的高职在校学生。

面向在校大学生的讲座主要以创业准备和创业心理为主,辅以引起在校大学生的创业兴趣为内因的创业案例。

创新创业导师应具有心理学及创业学方面的研究经历,以及收集归纳总结社会创业热点案例并在讲座过程中无缝对接所讲内容的能力。

4. 创业政策制定者

创业政策的制定者主要包括各地招商、投促、科技、工信等委办局的领导及主办人员。

面向创业政策制定者的讲座要以解读党中央、国务院关于双创政策的解析与地方实际情况的分析及解决方案编制为主要内容。

创新创业导师应具有政策解读、了解破解当地实施政策的困境、能够协助地方创业政策进行编制或基于政府政策的具体解读能力。

6.3.2　创业专题讲座的准备

创业专题讲座根据面向对象不同会形成不同的讲座规模、使用工具及参考资料。

1. 讲座规模

面向创业者的专题讲座是一个不定人数的讲座,最小可以为 10 人以下的专题讨论或商业模式梳理为主的讲座,最大可以超过 500 人大型的讲座,但一般不会超过 2 000 人。这类讲座的组织者通常也十分复杂包括政府招商投促部门、科技部门、孵化器、产业园、投资机构等。

面向创业环境的提供者的专题讲座一般为 30~80 人。这类讲座的组织者一般为科技部门及工信部门。

面向在校大学生的专题讲座一般为 50~300 人。这类讲座的组织者一般为高校的就业指导中心及创新创业学院。

面向创业政策制定者的专题讲座一般为 10~30 人。这类讲座组织者一般为地方政府。

2. 使用工具

根据创业讲座规模的大小,创新创业导师进行创业讲座时需要准备的工具也是有所变化的,通常分为显性工具和隐性工具。

显性工具为创新创业导师着装、笔记本式计算机、鼠标、U 盘、投影仪、投影幕、激光笔、白板、白板笔、白板纸、音响设备、无线麦克风、纸、笔等讲座过程中必然用到并且被受众看得到的工具。

隐性工具为数据分析系统、统计分析系统、数学模型、新闻收集系统及案例库等讲座过程中不直接呈现给受众的工具。

3. 知识点

创新创业导师在进行专题讲座前,在规模及受众不同的情况下依然需要备课工作,备课过程中需要的资料也不太相同,大体上有如下知识需要:创业学、创新学、管理学、经济学、市场营销、人力资源、投资学、心理学、法律、财税和现行国家相关政策等相关知识,以及教学必需的教学方法、语言表达、肢体动作等。

6.3.3　创业专题讲座的内容

创业专题讲座根据规模、面向对象、讲座时长来进行不同需要的创业内容组合,大体上可以分 5 类,即创业导论、创业实践、创业投资、案例分析、政策解读。

1. 创业导论

创业导论的受众为创业者和在校大学生,创业导论围绕创业意识培养和企业家精神培养两部分内容。主要包括创业的概念、创新的概念、创业与开办企业、创业心理、创业精神、如何成为创业者等。

讲解创业导论的创新创业导师一般为高校教师及部分创业企业家。

2. 创业实践

创业实践的受众为创业者和部分在校大学生,需讲解创业过程及双创载体。主要内容包括如何开办企业、工商财税、法律风险、政策获取、初创企业战略、创业载体的选择等。

讲解创业实践的创新创业导师一般为企业家或者双创机构的从业者。

3. 创业投资

创业投资的受众为创业者和创业环境提供者,创业投资围绕创业企业如何获得各类投资等主要内容,包括各类投资模式、初创企业商业模式、商业计划书撰写、不同阶段的创业企业如何寻找对应投资、投资机构对初创企业的投资回报、投资风险控制等。

讲解创业投资的创新创业导师一般投资机构从业人员、双创机构从业者、获得过投资的企业家。

4. 案例分析

案例分析的受众为创业者、在校大学生、创业环境提供者、创业政策制定者,通过对创业的案例进行分析,对多案例的比较,满足四种受众不同的需求。主要案例的选择包括受众耳熟能详的知名创业成功企业和各类名不见经传但具有明显失误导致的失败的创业企业。

讲解案例分析的创新创业导师一般为高校教师及创业企业研究者。

5. 政策解读

政策解读的受众为创业环境提供者、创业政策制定者及部分创业者。通过对国家现行创业的支持政策进行解读及综合国家、行业的发展趋势对未来可能发生的新的政策进行预判。

讲解政策解读一般为政策分析者、双创机构研究人员。

6.4　创业分享会

6.4.1　什么样的分享会对创业者更有价值

顾名思义,创业分享会就是创客们分享自己在创业过程中的教训、经验等,相当于一种经验的传递和分享。由于创业者自身的经验缺乏和能力局限性,导致创业的失败率居高不下,没有社会经验及工作经历的大学生创业者尤其如此。再加上创业热潮的涌起,创业者、创业项目参差不齐,也导致了相当一部分人对创业的抵触情绪和带着有色眼镜看问题。

在这样子的情况下,由于参与者能力的局限和社会履历的欠缺,以及会议组织者不了解实际情况,导致了以往的创业分享会往往受到与会者的诟病和不重视。

实际上,创业分享会办不好,不受人欢迎的根本原因是没有给与会者想要的,对创业者没有价值。那么,什么样的分享会对创业者更有价值? 当然是,实事求是,从实际问题着手,精准解答,主体清晰,致力于一场分享会,能够解决几个至关重要的问题。这样的分享会,才能被称为有价值的分享会。下面是笔者整理创业分享会的几个基本模式类型和分享要点。

1. 个人成长经历分享

个人成长经历分享,更倾向于创业领袖、创业者的演讲,主要从个人角度去阐述创业的过程和思路变化,其实质与名人传记有异曲同工之妙。那么,个人成长经历分享,适合怎样的听众呢?对什么阶段的创业者更有启发?先来分析一下,个人成长经历分享会,能提取出什么有价值的内容。

一个创客、创业领袖的个人经历,其中璀璨发光的内容,可以总结为:创业动机、创业目标、项目来源、成长教训、创业体验、创业素质要求等多方面。而这些方面,很显然对于初创、想创而未创的人更为对口。不论是从创业想法的诞生到如何走上创业这条路,还是讲述创业过程中的辛酸和浮沉,都能够给初创的创业者一个正确认识创业的机会,客观了解创业的机会、过程、艰辛和回报,而不是盲目地为了创业而创业。大众创业、万众创新的大潮大大激励了许多有志青年走上创新创业的道路,但是由于年轻人莽撞的特性,自然而然忽略了一些创业必须要有的东西,再加上对创业的认知不够,单单了解了一些成功者的案例和故事,就是盲目认为钱很好赚,融资很容易,缺少了对于创业的正确认知,而这种创客是创业路上的牺牲品。作为创新创业导师有责任有义务对创客进行正确引导、客观的认知,不盲目,不急躁。帮助想创业的人清楚地认识创业,有助于他们做出自己的选择。

个人成长经历分享的创业分享会模式,其核心与分享内容可以大致分为以下三部分:

(1)创业是什么体验(创业历程、创业认知);

(2)创业者的自我修养(创业素质要求、自身条件审视);

(3)创业成长及实践经历案例(结合实际案例谈创业经验)。

2. 专业技能分享

专业技能分享更类似于一种学习方式的传授。创业,是一项繁杂的工作,在创业团队中,一般会有不同的业务分工,保证能够尽善尽美地完成工作。但是,具体有哪些必备技能呢?虽然每个行业的专业技能各有不同,但是一般从管理、运营、财务、技术等方面去进行分享。

进行专业技能分享的创业分享会模式,其核心与分享内容可以大致分为以下三部分:

(1)创业者必备技能表(必备技能、技能与工作内容匹配);

(2)如何锻炼专业技能(技能锻炼、学习模式);

(3)分享者专业技能分享(我的技能单分享)。

3. 企业战略分享

企业战略分享,顾名思义是站在企业的角度,去分享企业管理、运营、规划等方面的经验和内容。企业战略是对企业各种战略的统称,其中既包括竞争战略,也包括营销战略、发展战略、品牌战略、融资战略、技术开发战略、人才开发战略、资源开发战略等。

企业战略是一个企业的核心精神,是企业发展的主要路线,并依托自身的资源和能力形成企业核心竞争力，达到企业的战略目标。企业战略是一个自上而下的整体性规划过程，对企业的发展具有指导性意义。

企业战略分享会，着重指导创业者认识到企业战略的重要性，并引导其建立自己的企业战略，从分享者自身经验出发，传授企业管理运营。大部分小微企业，对企业战略没有足够的认识，并且不知道企业战略能够为企业带来哪些收益，缺乏经验，这是小微企业的痛点之一，而这些作为创业者的前辈在实际工作和创业的过程中，往往会认识到其重要性。其核心与分享内容大致分为以下三部分：

（1）企业战略的意义（企业战略带来的收益、重要性）；

（2）怎么样制定战略（从无到有、从有到精）；

（3）战略制定案例（案例分析）。

6.4.2　办好分享会需要注意的关键点

1. 基本内容

一场好的分享会，最明显的特点主题明确、内容丰富、时间紧凑、互动频繁。那么，应该怎么做好准备会议呢？

1）制定主题

分享会的主题，由参会者（创客、有创业想法的人）的性质所决定。不同的参会者，想获得的内容，也是不尽相同。一些有创业想法的人，希望能够了解创新创业、正确地认识创新创业，想了解创业项目的来源，以及起步阶段需要注意什么问题，想知道创业项目的判断及可行性等，这种类型的需求个人经历分享会就能够满足其需求，能够传授一些大体的经验和分享一些创业心得。

如果参会者已经下定决心准备创业了，或者已经创业了一段时间了，想知道在实际工作中需要什么技能和如何学习提高，仅仅个人经历分享会就不能够满足其需求，而专业技能分享会可能更为契合参会者的期盼和需求。参会者有一定的基础的情况下，更适合对问题针对性强的分享会，能够解决实际问题的，而不只是综合型阐述和理论方向引导的。

如果参会者是创业了一段时间的创客，在创业方面有一定的基础，但是企业规模较小，发展受限，对未来发展迷茫，这种情况就需要学习企业战略和企业管理经验了。相应的技能分享和战略分享能够对创客帮助更大。

因此，在分享会筹备时期，需要对受众做好设计，根据参会者需求来专业化定制分享会主题，力求分享会能够为创业者提供切实的帮助和引导，更好地为创新创业服务。

2）吸引嘉宾

嘉宾是分享会的核心，怎么样吸引到有能力、有分量的嘉宾呢？首先是分享的内容和主题能够充分展现嘉宾的水准，并能够精准针对受众，解决问题。除此之外，对于整个分享会的设计，需要和嘉宾一起沟通，共同协商，保证嘉宾的完美发挥。一场优秀的创业分享会，不仅仅是为受众量身打造的,更是为嘉宾量身打造的讲台。

3)分享时长

会议的时间把控,能够给参会者更好的体验。会议致辞一定要简明扼要,在会议开始两分钟内进入正题。分享会可以分解为几个环节(建议在五个环节以内),根据环节内容丰富程度及内容重要性,分为 30 分钟、60 分钟、90 分钟,最长不要超过 90 分钟。环节中间留出 5 分钟调节气氛及嘉宾准备时间。

4)讨论环节

每个环节根据环节内容丰富程度及内容重要性,预留 5 分钟、10 分钟、20 分钟的讨论时间,在讨论环节,由嘉宾引导提问内容,以解答问题的形式,为参会者答疑解惑。

5)总结

在所有环节结束后,用 5~15 分钟的时间,对整个分享会所分享的内容进行梳理和加深记忆,并点明会议主题,以及听取参会者意见,便于以后的改进和成长。

2. 让听众带着心听你分享

分享,要用心,用心讲,用心听。用心讲,在于主办方和分享嘉宾,而用心听,其实也在主办方和分享嘉宾。吸引蝴蝶的,永远都是鲜花的美丽和芬芳,只有用心准备,用心办好每一次分享会,才能够让听众带着心去听你分享,只有听众能够从分享会中学到真正有用、有价值的东西,才会愿意全神贯注地认真听。那么,怎么样办好分享会呢?需要做到以下几点:

1)摒弃形式主义

摒弃形式主义就是剔除或删减一些形式上的环节,如长篇大论的感谢环节、过于烦琐的嘉宾介绍环节、长篇幅的主办方背景介绍、过于死板的会议要求。一切内容以创业辅导、内容分享为第一目的。

2)分享内容与需求对接

在会议准备阶段,针对参会者(创客、嘉宾)进行分享内容期望和参会者需求的调研,保证分享内容和需求的无缝对接,给创客最想要、最合适的创业分享和辅导。

3)互动氛围构建

在分享会中,预设几个互动问题,从创客角度出发,结合实际案例,进行针对性解答,调节互动气氛,并给表现优秀者上台互动的机会,让参会者参与到分享会中,分享自己的创业故事。

6.5 创业诊断辅导

创新创业导师对于创业者最重要的作用之一就是能够站在更高的视角检视其项目,并且通过诊断结果来对症下药,使创业项目能够顺利进行下去。而对于创新创业导师来说,对创业者的项目的诊断应该包含以下三方面:其一为对创业者提出的创业项目中基本条件要素的梳理;其二对创业者及其团队的人力资本价值测量;其三对创业团队执行力的诊断。而辅导就是在诊断的基础上通过有效沟通实现"对症下药"。

6.5.1　创业的基本条件要素梳理

1. 创业者能够提供产品与服务

创业企业的根本是产品与服务,即能提供什么。这里有三个基本条件,不仅是在创业的过程中,而且要在整个创业企业运营中,不断去判断和发展的至关要素。

第一,市场需求,即创业企业的产品能满足一定人群的需求(大环境);

第二,人们愿意购买,即性价比合适,形成创业企业的客户群(供给与需求);

第三,人们愿意选择创业企业的产品与服务(意愿)。

2. 市场营销/销售

创业者要让大众知道其产品与服务,并喜欢其产品与服务。需解决如何让大众知道其产品与服务;如何让大众喜欢购买其产品与服务;如何让顾客知道其产品与服务的优势与劣势,并忽略其劣势;如何完成产品与服务被销售出去的过程。

3. 盈利能力

企业经营的黄金定律是利润最大化,即"用最小的成本,获取最大的利益"。企业的利润来源于成本与收入之间的差值,从创业企业的项目中要同时看到如何降低成本和如何增大销售收入两方面。从降低成本角度上,第一要考虑创业项目是否符合现行法律,如果游走在法律边缘就可能出现不可预知的最大化风险和隐形成本;第二要考虑项目是否能够获得国家相应资金的支持;第三运作能力是否支撑得了低成本运作。从增加收入角度上,第一要考虑可实现的市场占有率与市场规模之间的计算方式;第二是否可以通过资本复制的方式形成扩张;第三在实践过程中有没有可能突破现有模式出现"蓝海"。

4. 商务模式/管理模式

由于当前竞争的空前激烈和信息的快速传播之快与便利,商业模式成了一个企业的重要竞争力之一。世界管理大师彼得·德鲁克对此是这样认为的,他说:"当今企业之间的竞争,不是产品之间的竞争,而是商业模式之间的竞争。"商业模式,简单的理解是通过何种经营达到企业盈利目的的方式。通常更简单的理解是创业的现金是怎样流动的?出去,回来,形成一个循环后是否实现了增值。而这个过程的流动需要多少时间,够不够迅速?有哪些环节,是否畅通则是检测商业模式合理性最重要的考察点。

6.5.2　人力资本价值判断

在创业者谈论创业项目时,容易过多关注商业模式或者客观环境,甚至所谓的"关系",而创新创业导师更要重视创业者本身。创业除了机遇和有关支持外,创业能否成功最根本的是创业团队中的核心人员的个人能力和其与他人合作的能力。

1. 创业者的个人能力

充分了解创业者本身擅长什么,如学历、经历、过往的表现、家庭背景及创业团队其他核心队员的相关信息。

彼得·德鲁克说："要管理好自己,你要问自己:我的长处是什么?"他指出:"理解一个人擅长些什么,以及应该强化和开发些什么,是自我发展的关键。"打工者是这样,创业者也是如此。要能清楚地判断创业者和创业团队到底有何优势,并能够指导他们运用其所长来创业。

现代人力资源发展常识告诉人们,发展人的优势比克服弱点和纠正错误更重要,可以得到更多的利益,包括更大程度地提高了人们自我尊重的意识、取得成就的动机、增强责任感,当面临改变时,从原来主要由外在因素起作用到现在由内在因素决定。

创新创业导师要辨识创业的带头人是否善于发现和运用其团队成员的个人优势,及整合团队成员个体优势形成真正的团队效应。人力资本是一个人经历、价值观和能力的总和。当人们知道了自己的核心能力,进而获取动力并构筑自己的选择和行为时,人们的人力资本的价值得到了提升。个人核心优势(Dependable Strengths)是决定一个人的满意程度和职业成功的人力资本的基础。

2. 创业团队协作能力

创新创业导师可以从三个角度分析,团队协作是否可以取胜。不擅长与他人合作的人,是无法成功创业的。

首先,在今天信息越来越"平民化"的职场上,决策已经不仅仅是个别伟大领袖的责任和功能,每个有关人员的参与和合作变得越来越重要,参与和合作是生存和取胜必需的。在当今这个不断变化的世界里,合作(Cooperation)可能已经不够了,需要的是协同行动(Collaboration)。这意味着,参与和合作不是各个单数的相加,而是要整合每个个体的优势,形成一种因大家都发挥其优势,而得到大于个数之和的效应。创业团队也是如此,传统的科层制的结构并不适合创业企业,一个成功和有效的组织,往往是在不断运动且充满活力过程中连接和组合能量的模式。对于创业企业来说,这尤其重要,创业企业不要刻意追求科层,其组织结构应尽量扁平化。

其次,就如前面已经谈到过的那样,现今的职场上,众多的成功因素中,情商比智商要重要得多。一个人的成功,智商的作用仅为 8～20％;而情商的作用至少为 80％。除了通常大家最关心的资金资本以外,英国管理学者凯文·汤姆森认为,"'情绪资本'由感觉、信念、认知和价值观等隐性资源所构成",是企业前进的两项主要推动力资产之一(另一项是"知识/智力资本")。

创业团队尚未开始真正创业时,就在期盼风投资金了,并将其当作发财的"捷径"。许多公司已经开始着手对知识资本进行管理。但如果员工的情绪是负面的,如没有共识、压抑、忧心忡忡、缺乏信任等,那么这类创业公司苦心经营的智力资本会变得没有意义。情绪是智力资本的燃料,能为企业带来可观的财富,但若人事不当,情绪资本同样也可能会毁掉企业。情绪资本有两大核心要素,其一为外在的情绪资本:存在于顾客与股东的内心。这种资本有时被描述成品牌价值和商誉,已经受到越来越多企业的重视,被纳入企业资本的核心。其二内在的情绪资本对创业企业来说才是致命因素,存在于企业员工的内心,包括员工的感受、信念和价值观。体现在员工身上的这种资本会影响公司产品的质量或所提供服务的优劣。组织发展的重心正由理智向情绪倾斜。存储于人们头脑中的知识并不会自动创造财富;人们必须有愿望、有动力将知识付诸实践,知识才有可能成为企业财富的源泉。

最后,创业团队能否真正形成共识、沟通和共事是需要判断的重点,一个人的有效性,不仅仅是她/他有多大能力,更重要和直接的是,她/他能在与人共事中,在团队合作中发挥出多少能力,做出多大贡献。创业者必须学会与人共事,甚至包括他们的"对手"。在创业企业中尤其如此。在合作中各个个体间的优弱势互补只能得到 1+1=2 的正常结果;只有各个个体间的优势相加,才能达到 1+1>2 的效果。

6.5.3　创业团队执行力诊断

近年来,技术系统和互联网在管理中占据了主导地位,而工作场所中人的作用遭到忽视。企业成功最基本和最关键的能持续产生效益的是敬业的员工和高效班组(团队)。而要取得和维系上述两点优势,优秀的一线经理对任何组织的成功都是至关重要的。因此,创新创业导师要判断创业者是否像一个"一线经理"那样,既指挥战斗,又要自己去完成很多的工作。

1. 创业者的使命和责任感

很多创业者以为,创业就是拼命干(时间),实际上这对于创业项目来说并不是一个有效行为,任何成功是建立在一种欲望和梦想上的。判断一个创业项目是否有清晰的目标,是一个鉴定的标准,如果没有目标,创业者与其伙伴们就不是一个团队,而充其量是乌合之众。

创业特别需要有效性,几乎每一个组织都有不同性格的人、不同的工作技巧和不同的工作形态,创业者的任务是要使有关人员能持续不断地成长,提升他们的工作技能。管理是要让大家都动员起来,需要有效沟通。

2. 有效决策/抉择

对一个创业者来说,有效抉择特别重要,它可以帮助你抓住时机,节约成本,鼓舞士气。做到有效抉择,处理好各种面对的挑战/问题,创业者要注意以下几点:

(1) 要确定了解问题的性质。

(2) 要确实找出解决问题时必须满足的界限——边界条件。

(3) 仔细考虑解决问题的正确方案是什么,以及必须满足哪些条件,考虑必需的妥协。

(4) 决策方案要同时兼顾执行措施,让决策变成可以被贯彻的行动。

(5) 在执行过程中要重视反馈,以印证决策的有效性。

做到有效性。一个人的有效性,与他的智力、想象力和知识之间,几乎没有太大的关系。有才能的人往往最为无效,因为他们没有认识到才能本身并不是成果。今天,有效性不仅仅体现在"把事情做对",而是要求创业者"做对的事情"。从这个意义上说,所谓"管理者"和"领袖"的概念,在"控制"已不再是有效方式的现代社会中,开始交叉和互为作用了,一个好的创业者,既要是领袖，又必须是一个好的"一线管理者"；要导航，也要在具体做事的过程中，指导大家一起为一个目标努力。

3. 有效利用自己的时间

检测创业者是否能否有效地利用时间也是判断一个项目是否有可能成功的重要标识。时间是上帝赐予人们的最重要和最公平的资源，富兰克林·菲尔德指出："成功与失败的分界可以用五个字来表达：'我没有时间'。"一个创业者要更有效地用好时间这个资源，才可以得到更多的收获。

6.6　创业私董会

6.6.1　私董会简介

私人董事会，简称私董会，又称总裁私董会、总裁私享会，是一种新兴的企业家学习、交流与社交模式，其完美地把高管教练、行动学习和深度社交融合起来，核心在于汇集跨行业的企业家群体智慧，解决企业经营管理中的比较复杂而又现实的难题。一般由咨询管理机构发起，由资深教练负责运营。其特点在于私密性，只有少数非竞争性行业的企业家参加，且运作保密性强。私董会这一组织形态诞生于 1957 年，由美国威斯康星州企业家罗伯特·诺斯（Robert Nourse）与其他 4 位 CEO 定期的圆桌讨论演变而来。他们为这种人脉圈内部的交流起名为 TEC（决策者委员会），后来该组织独立发展为 CEO 发展机构——伟事达（VISTAGE）。50 年后，伟事达私董会分支机构已拓展到十几个国家，会员数达 1.7 万左右，甲骨文公司创始人及汤姆森——路透集团是其主要股东。

私董会在西方成熟的市场经济国家已有 50 多年的历史，有非常成熟的运作模式，欧美等国的许多总裁都拥有自己的私人董事会服务。据不完全统计，欧美发达国家有 50 多万总裁都拥有自己的私人董事会。这种服务模式可以有效提升企业的竞争力，拥有私人董事会的企业成长速度是其他企业的 2.5 倍。

最早将私董会概念引入中国的是一对年轻夫妇。2006 年底，毕业于沃顿商学院的刘佳砚和丈夫冯晰，放弃了在美国的咨询师工作，回国创立"私人董事会"，力图把在美国考察到的私董会模式复制到内地。稍后，伟事达也进入中国，但因水土不服撤资走人，但是，私董会却在 2013 年突然火了起来，尤其在北京、上海、广州、深圳、济南等地盛行，成都也出现了私董会，如北京的"五五私人董事会""航华汇私董会"。上海的"外滩私人董事会"、广州的"诺金私人董事会"、深圳的"海江私董学院"、武汉的"北大方略私人董事会"、济南的"泰山私人董事会"、成都的"天府私人董事会"等，"私董会"已成为时髦名词，目前有近百家机构在做私董会项目。在北京、上海、广州等发达城市，拥有一名私人教练已是企业的一张成功的名片，而"私人董事会"也已经成为继 EMBA、富豪俱乐部之后的第三种企业经营者沟通交流的平台。

实际上，对于中小型企业而言，企业总裁在面临各种战略决策和内部管理难题时，往往缺乏有能力、有经验、可以信任的人与之商量，再明智的企业领导，也很难事事决策正确，有时候，即便战略方向与解决思路是对的，但由于缺乏方法与执行力，也使得企业的一些问题依靠内部力量很难得到解决。

6.6.2 创业私董会简介

创业的道路非常崎岖与坎坷，这对于创业者们而言是一次长期的磨炼。而企业发展过程中，不可避免的是企业飞速发展中的经营管理实战问题、创业者的自我觉察能力或领导力等方面欠缺，可能会严重阻碍企业的跨越式发展。

创业者特别孤独，创业者比较忙，特别需要一个组织，既能帮助他们解决创业路上的各类问题，又能够激发智慧，还能互相鼓励，一起前行，创业私董会应运而生。

创业私董会是指 6～20 人，一般人数为 15 人左右的初次创业的企业的决策者，围绕着创业过程中的具体经营管理困惑，在教练和专家的指导下，群策群力、生发智慧，用众人的智慧来帮助每一个决策者来解决具体问题、生发智慧的一个长期的学习型组织。

创业私董会的几个关键词：

(1) 创业：创业是创业者对自己拥有的资源或通过努力对能够拥有的资源进行优化整合，从而创造出更大经济或社会价值的过程。根据杰夫里·提蒙斯(Jeffry A. Timmons)所著的创业教育领域的经典教科书《创业创造》(New Venture Creation)的定义：创业是一种思考、推理结合运气的行为方式，它为运气带来的机会所驱动，需要在方法上全盘考虑并拥有和谐的领导能力。

创业作为一个商业领域，创业以点滴成就、点滴喜悦致力于理解创造新事物(新产品、新市场、新生产过程或原材料，组织现有技术的新方法)的机会，如何出现并被特定个体发现或创造，这些人如何运用各种方法去利用和开发它们，然后产生各种结果。

创业是一个人发现了一个商机并加以实际行动转化为具体的社会形态，获得利益，实现价值。科尔(Cole)(1965 年)提出把创业定义为：发起、维持和发展以利润为导向的企业的目的性的行为。创业私董会参加者就是以初创企业发起人和创始人等核心决策者。

(2) 解决问题：私董会作为一个会议，首要的任务是解决问题，需解决创业过程中的战略决策、商业模式、股权激励、营销和创业团队等重大问题。

(3) 生发智慧：私董会是创造一个智慧生发系统，不只是主持一场问题解决会议。很多体验过私董会议的人，都对其解决问题的七步或八步法印象深刻，于是以为这就是私董会的全部内涵，只要记住这个流程，依葫芦画瓢地去主持一场类似会议，就是私董会了，于是自称为所谓的"私董会主持人"。不错，问题解决是私董会的核心模块之一，但远非全部。私董会教练需要掌握一整套的专业知识和技能，才能胜任这一角色。通常说，"私董"有三重境界：底层是主持，中层是引导，高层是修炼。

（4）学习型组织：身处剧变时代的创业者，正越来越多地通过"私人董事会"这一新模式寻求深度学习和社交。该模式简称"私董会"，一群人试图通过这种持续创新的社交组织来解决现实问题。与人们熟知的 MBA、EMBA、总裁班不同，私董会更顺应了互联网时代的"去权威""去中心化"思潮，用效率、成本、有效、价值等因素驱动人们自愿结合在一起。这种组织的特点是长期和深度学习为特征，通过当下的问题来寻找未来的答案，本质是一种探寻反思式的学习。

私董会也远不止于总裁的高端社交圈这么简单。在"互联网思维"商业理论颠覆经济的同时，私董会通过企业家的网状连接，正颠覆着传统的企业组织模式。甚至有人士预言，未来私董会将成为"与企业平行的社会组织形态"。

6.6.3 如何组织创业私董会

创业私董会有存在地必要性，但如何组织创业私董会，是一件既专业又对组织者有较高要求的项目。

创业私董会组织三要素：人群定位准确，体验活动的有效性和教练团队的水平。

参加人员必须是创业者，而且最好在同一阶段，如都在创业的初期，而且企业不能互为竞争对手。

为了能顺利组建创业私董会，前期需要举办若干者体验活动，体验活动的有效性体现在课题选择，参与人员的选择和教练临场把控等。

创业私董会取得成功的一个重要因素就是教练团队。一个好的教练必须具备以下特征：第一，有丰富的管理经验；第二，有利他分享的心态；第三，熟练的主持和引导经验与教练经验。

创业私董会的服务三流程：创业私董会前、创业私董会中和创业私董会后。

在创业私董会前，需要准备以下相关资料：

（1）提示预备表，预备词（尤其在澄清和定性，以及解析的引导语上需要进一步打磨），各环节时间设定。

（2）私董会小组全体成员保密协定（一张纸）。

（3）私董会 PPT、打印 PPT 和备注页。

（4）私董会手绘流程海报。

（5）选题预备大纸。

（6）阐述示范大纸。

（7）建议预备大纸。

（8）宣传：文案＋图片形式。

（9）分工。各环节计时人员，自己用"番茄钟"计时；板书记录人员；抓拍人员；自己将建议记录拍照发送到群里。

（10）排练。提前放映一遍 PPT 来检查。

（11）制作电子版反馈问卷。会议中需要教练进行把控,包括教练对会议时间的控制、话题引导、气氛调整和总结等。

在创业私董会中,组织者会对创立意义、项目架构和注意事项等进行介绍。必须坚持的原则主要有以下几点。

1）一把手原则

创业私董会是为验证和完善初创企业的商业模式,以及投融资等最尖锐、最核心、最综合的问题。加入的基本条件是企业的创始人、董事长、董事或合伙人;对于投资人,要求是机构总裁以上。

2）非利益冲突原则

创业私董会的运作涉及大量商业秘密,因此,私董会每次参与成员之间不存在利益冲突。为了避免利益冲突,每次私董会的成员都选择来自不同的行业,而有着类似的行业地位、发展阶段。

3）保密原则

创业私董会的交流不可避免涉及大量的商业秘密,这些商业秘密具有重大价值。私董会成员、私董会顾问和专家都必须签署保密协议,并承诺不利用这些商业秘密为自己或第三方牟利。

在创业私董会后,主要要做两件事情:第一是相关新闻的及时报道;第二是跟踪辅导本次议题的主人的行动计划落地情况。

6.6.4　案例介绍

1. 中国石油大学（北京）MBA 私董会

从 2015 年起已经陆续在北京高校 MBA 学生中组织创业私董会,目前已经在北京航空航天大学、中国石油大学(北京)、中央民族大学、新华都商学院中开展私董会主题活动。其中,于 2017 年在中国石油大学(北京)成立了私董会研究中心,专门以私董会为主要研究对象,为中小企业尤其创业者提供智力支持和深度服务。

通知:中国石油大学 MBA 创新创业主题分享私董会暨 2017 届石大 MBA 私董会成立仪式将于本周六晚上举办,具体安排如下:

时间:2017 年 5 月 5 日 19:00

地点:中国石油大学二教 102 室

主题:石大私董会之创新创业论道篇

如果你是初创的中小企业老板,创始人在创业期已经捕捉到市场商机,请问:

（1）如何将商机转化为模式?

（2）如何写商业计划书?

（3）如何融资?

（4）如何做市场定位?

(5) 如何制定营销策略?

(6) 如何组建核心团队?

(7) 如何设计股份等话题?

或许你正在为这些问题感到困扰,那么欢迎创业中的你全身心地参与,群策群力,破解创业过程中的难题,来这不一定能解决你的问题,但一定能从多角度、多维度、多层次帮你分析问题,帮你生发智慧,还原问题出现的原因,让你多些选择,会让你有一大批智者为伴,让创业路上的你不再孤单,不再迷茫,逐渐掌握系统和全面的思维方式,让决策更有依据,让你在提问和思想的碰撞中悟到真相,问题在你的手中终会有破解之道。期待你的加入! 2017 石大 MBA 私董会,带你一起成长带你飞!

2. 北航 MBA 创业家联盟私董会

自 2015 年 7 月针对北航 MBA 中的创业者开展私董会服务,协助他们梳理创业问题,群策群力,找到问题背后的原因,解决问题,启发智慧,助力创业成功。

案例 13

会议主题:如何打造高效的销售团队

北京某系统集成有限公司　刘总

时间:2016 年 1 月 24　16:30

参加人:北航 MBA 共计 14 人

一、提问题环节

范:

1. 毛利? 14%

2. 合作伙伴完成销售占比? 4 000 万。

3. 核心客户主要是政府 80%。

祖:

销售团队以前做过什么?老人带新人,刘总给予建议。

徐:

1. 销售计划 2 亿的理由?

2. 团队的规模是多少? 30 人。

3. 人员扩大一倍,销售业绩是否增加一倍?一般增加 60%。

李1:

1. 销售团队奖励机制?

2. 销售团队组织架构?

3. 奖励机制是否有时间环节规定?

田：

1. 销售人员招聘标准是什么？销售人员自己招聘。

2. 客户类型，提供培训是否能达到效果？不一定，吸收和理解的能力不同。

3. 是否给销售线索？如何分配？

李 2：

1. 新人寻找客户的渠道与老员工是否一致？

2. 客户是否主要立足于政府，政府客户占比是多少？70～80％是否考虑扩展？

3. 实行以老带新，新人的工作定位主要是什么？销售团队与战略方向的结合。

孙：

1. 五年内人员流失的主要原因？新加入的离职，老员工没有离职，主要原因是文化融合、人际关系。

2. 公司为新员工提供哪些条件？也就是上升通道。

刘 1：

考核机制？

黄：

1. 销售年龄结构是什么？

2. 离职人员的结构是什么？年龄：85 后，离职人员在 1987 年、1988 年出生居多。解决 90 后的人员问题。

刘 2：

1. 最好的销售团队或个人占比？小股东 1 500 万。

2. 成功的关键是什么？虚心、上进。

3. 你在公司内的时间分布？50％处理日常杂事，直接与销售有关 30％。

4. 在公司最喜欢做的工作？项目控制、战略规划。

王：

1. 公司的产品在行业的情况？

2. 公司的员工关怀如何处理？

3. 有没有做过团队培训，如执行力、凝聚力。已做过，但效果不佳。

李：

1. 产品销售人员达到顾问级别的人数？30％。

2. 挖的人员业绩好，还是内部培养的员工好？目前都是公司内部培养的人员。

3. 是线索多忙不开，还是线索不足？目前不足。

二、建议环节

范：

1. 公司以服务为导向，核心是人，销售利润来自股东。

2. 销售激励、销售人员培养没有问题,有 6 个完成任务,离职率很低,说明制度合理。

3. 计划 2 亿,服务型公司无法改变现状。

建议不要招销售总监,招销售人员去做服务,让新人承担事务性工作。让老板专注于与客户联系,参加商会等,开源。

黄:

给予员工关怀。

徐:

1. 配备一个助理,每个股东配一个助理,减少杂事占用时间。

2. 销售团队已经不错。不建议盲目扩大,最多增加 2~3 人,做人才梯队。

祖:

道:企业文化。

树:基本的一些做法。

销售人员拆成小团队,顾问级 1 人+1 个销售级+2 个新人,做三四个小团队。给予小团队绩效奖励。

王:

加强执行力的培训,如收发传真,会发、是否收到、保证清晰。

田:

1. 根据销售目标,确定销售人员的数量。再促使销售努力工作,是否检查,是否有新线索。

2. 是否有更多的合作,与有资源的其他渠道进行合作。

刘2:

1. 战略管理体系要进行专业的规划。借助外包。

2. 如何让下面的人做得更好,缺乏人力资源总监。

刘3:

要狠心,要严格要求。对新人不符合要求该裁就裁。

李1:

组织架构要进行规划,形成三个团队,将竞争机制与奖励机制配套,奖励机制要设在年底,利于稳定队伍。

李2:

1. 强化关系型,将当前形势与公司目标结合,寻找新型关系处理方式。

2. 客户来源要扩大,如金融客户、高校、国企等。

李3:

1. 复制成功经验,将新人培养再细化,通过纸质传递下去。

2. 寻找其他合作伙伴,提升业绩。

孙：

建立健全激励机制,四年 2 亿,配套人员,在做的过程中完善。

刘总结:

会有一个很好的信任合作基础,给出了很好的建议,以后会多参加。

给出的建议从不同的层面给出,战略、人员关怀、公司架构、模式等,弥补了不细的地方,拓展了一些忽视的地方。

下月计划:已经开始招聘计划,下月将有一半人员到岗。

6.7　创新创业大赛

6.7.1　创新创业大赛的目的和意义

通过参加各种创新创业大赛,如中国创新创业大赛、中国"互联网＋"大学生创新创业大赛等,让创业者在参赛过程中完善和提高自己的产品,了解各行各业世界一流先进技术,认识到自身的不足并看到企业长期发展的愿景。因此,举办创新创业大赛的目的和意义具体如下:

1. 促进创业就业

创新创业是我国当前的重要国策之一。通过创新创业大赛的举办,发挥政府引导的积极作用,让更多人有机会发展起来、成长起来,并带动更多的人参与进来,对于我国创新创业就业的工作具有积极的推动作用和意义。

2. 凝聚创新源头

十九大报告指出,"十八大以来的五年,是党和国家发展进程中极不平凡的五年,……创新驱动发展战略大力实施,创新型国家建设成果丰硕"。可以说我国从上到下已经全面进入创新型国家建设的状态。通过创新创业大赛的举办,将宝贵的创新精神文化得以发扬光大的同时,有组织、有扶持地凝聚这一创新源头,对于推动我国科技创新事业、产业转型升级发展具有润物细无声的渗透作用。

3. 鼓励技术创新

提升企业自主创新能力是实施创新战略的突破口。切实增强企业自主创新能力,不断强化企业在技术创新体系中的主体地位,有利于增强企业的国际竞争力。举办创新创业大赛,提供发展载体平台,对接广泛社会资源,引导培育技术发展,具有鲜明的鼓励和支持作用。

4. 加深中国创新创业国际化水平

当下,科技创新国际化是参与全球合作、加速提高创新能力的重要过程。通过举办国际性创新创业大赛,为创业者带来国际视野和全新的合作机遇,并通过与全球创业者之间的沟通、连接、跨界、融合,促进创新创业项目与国际人才、技术、资金等创新资源的对接,对接世界科技前沿,共同推动中国创新创业国际化水平。

6.7.2　创新创业大赛导师选聘

创新创业导师一般要求具备以下条件：

（1）拥护国家各项方针政策，维护国家利益，遵守各项法律法规，热心社会公益事业。

（2）科技领域的战略性、领军型专家；主持或作为主要成员参与制定国家、行业或市级以上区域战略性新兴产业规划的专家；创新管理领域权威专家；知名金融、法律等各行业领域的资深专家；具有辅导公司上市成功经验的实战专家及有丰富成功创业经验的企业家；创新创业教育教学能力强、实践经验丰富的高校教师等。

（3）具备与成果转化、创新创业指导服务工作相适应的战略思维、政策研究、理论指导能力，具有较强的语言、文字表达和沟通能力，至少有五年以上相关领域工作经验，身体健康状况能够适应工作需要。

（4）具有强烈的社会责任感和奉献精神，热心创新创业教育和指导帮扶大学生创新创业工作。

6.7.3　创业项目评审原则

创业项目的评审一般具有以下原则：

1. 创业机会

项目的产业背景和市场竞争环境；项目的市场机会和有效的市场需求、所面对的目标顾客；项目的独创性、领先性及实现产业化的途径等。

2. 发展战略

项目的商业模式、研发方向、扩张策略，主要合作伙伴与竞争对手等；面临的技术、市场、财务等关键问题，提出合理可行的规避计划。

3. 经营状况

项目的营业收入、税收上缴、现金流量、持续盈利能力、市场份额等情况；主营业务利润、总资产收益、净资产收益、销售收入增长等情况。

4. 营销策略

结合项目特点制定合适的市场营销策略，包括对自身产品、技术或服务的价格定位、渠道建设、推广策略等。

5. 财务管理

股本结构与规模、资金来源与运用；盈利能力分析；风险资金退出策略等。

6. 管理团队

各成员有关的教育和工作背景、成员的分工和互补；公司的组织构架及领导层成员；创业顾问，主要投资人和持股情况。

6.7.4　创新创业导师对参赛者的指导

创新创业导师一方面可以作为专家评审创业项目,另一方面也可以作为机构的受聘者对参赛项目进行专项辅导。因此,在参赛过程中,一个优秀的创新创业导师对参赛者进行辅导至关重要。创新创业导师可以在国内外环境调研和战略分析、创业者立项分析、创业市场定位与推广、创业团队组建与管理、项目发展战略分析、商业计划书撰写、创业资源整合与利用、创业项目推演与答辩等方面给予参赛者提供辅导。通过创业竞赛,让参赛者了解自身不足,完善自己产品和方案,为企业发展奠定基础。

因此,创新创业导师可以为创业者提供各种创业咨询和服务,帮助创业者避免创业的盲目性和减少弯路,协助创业者应对和解决创业实践中不断出现的新问题,帮助他们顺利开办企业和改善企业经营管理。

6.7.5　常见的创新创业大赛推荐

1. 中国创新创业大赛

本大赛是由科技部、财政部、教育部和中华全国工商业联合会共同指导举办的国内规格最高的创新创业赛事。聚集和整合各种创新创业资源,引导社会各界力量支持创新创业,搭建服务创新创业的平台,弘扬创新创业文化,激发全民创新创业的热情,掀起创新创业的热潮,打造推动经济发展和转型升级的强劲引擎。

大赛分为初创企业组和成长企业组进行比赛。要求参加的企业具有创新能力和高成长潜力,主要从事高新技术产品研发、制造、服务等业务,拥有知识产权且无产权纠纷;企业经营规范、社会信誉良好、无不良记录,且为非上市科技型中小企业;企业符合国家中小企业划型标准,且年销售额不超过 2 亿元人民币;企业成立不超过 10 年。

2. 中国"互联网＋"大学生创新创业大赛

本大赛由教育部、中央网络安全和信息化领导小组办公室、国家发展和改革委员会、工业和信息化部、人力资源和社会保障部、国家知识产权局、中国科学院、中国工程院等共同主办。大赛目的是旨在深化高等教育综合改革,激发大学生的创造力,培养造就"大众创业、万众创新"的生力军;推动赛事成果转化和产学研用紧密结合,促进"互联网＋"新业态形成,服务经济提质增效升级;以创新引领创业、创业带动就业,推动高校毕业生更高质量创业就业。

参赛项目要求能够将移动互联网、云计算、大数据、人工智能、物联网等新一代信息技术与经济社会各领域紧密结合,培育基于互联网新时代的新产品、新服务、新业态、新模式;发挥互联网在促进产业升级及信息化和工业化深度融合中的作用,促进制造业、农业、能源、环保等产业转型升级;发挥互联网在社会服务中的作用,创新网络化服务模式,促进互联网与教育、医疗、交通、金融、消费生活等深度融合。

3. "挑战杯"中国大学生创业计划竞赛

本大赛由共青团中央、中国科协、教育部和全国学联共同主办的全国性的大学生课外学术实践竞赛。目的是努力培养广大青年的创新、创业意识,造就一代符合未来挑战要求的高素质人才,已经成为实现中华民族伟大复兴的时代要求。作为学生科技活动的新载体,创业计划竞赛在培养复合型、创新型人才,促进高校产学研结合,推动国内风险投资体系建立方面发挥出越来越积极的作用。

比赛借用风险投资的运作模式,要求参赛者组成优势互补的竞赛小组,提出一项具有市场前景的技术、产品或者服务,并围绕这一技术、产品或服务,以获得风险投资为目的,完成一份完整、具体、深入的创业计划。

4. 全国大学生电子商务"创新/创意及创业"挑战赛

本大赛由中华人民共和国教育部主管,教育部高等学校电子商务类专业教学指导委员会主办。目的是激发大学生的兴趣与潜能,培养大学生创新意识、创意思维、创业能力及团队协同实战精神的学科性竞赛;为高等学校落实教育部、财政部《关于实施高等学校本科教学质量与教学改革工程的意见》,开展创新教育和实践教学改革、加强产学研之间联系起到积极示范作用。

大赛题目来源可以为国内外企业、行业出题及学生自拟题目等,大赛提倡不拘一格选题参赛,鼓励创新思维、创意设计和创业实施。

总之,在创新创业大赛中,创新创业导师不仅可以帮助创业者完善产品的技术可行性、可靠性和商业模式的可执行性,而且可以利用行业资源,帮助入围项目在产业、市场、财务等方面实现完善与成长,帮助创业者在创业的道路上走得更远更好。

6.8 创 业 路 演

项目路演,可以说是创业者踏上创业这条路十分关键的一步,它决定你给投资人、合作伙伴、客户等人关于项目的直接的第一印象。第一印象至关重要,那么,作为创新创业导师,如何在路演中做一名合格的导师,如何通过路演,对创业提供最佳的辅导?首先,需要清晰地了解创业者想要得到什么,想要通过路演实现哪些方面的提高。

6.8.1 创业者对路演的期望

对于项目路演,每个创业团队都希望能够完美地展现自己的项目,能够将自己想要表达的内容展示给观众、合作伙伴、评委、投资人等,从而实现宣传、达成合作、获得高分、得到融资等目的。而实现这些目标,并不是一朝一夕就能够达成的,每个人、每个团队都有一个成长的过程,排除融资需求、比赛名次、展示效果这些直接性的目的,他们最想得到的是什么?当然是成长和提高!

学无止境,创业是一条充满荆棘的路,每一个有志向、敢打敢拼的创业团队,一定是在创业的过程中逐渐学习,逐渐弥补自己的不足的,这是一条学习的道路。只有通过不断的学习和提高,让自己的路演更为完美,才能够达到最终目的,磨刀不误砍柴工。下面从两方面具体分析一下创业者对于项目路演都有什么期望。

1. 路演水平提高

拥有良好的心态,是参加路演至关重要的一点,这不仅是一个展示机会,是一个展现自己项目的舞台,更是一个宽容的、给演讲者水平提高的平台。每一个参加路演的创业团队,都应该抱着学习的心态去面对每一次路演,不断获得提高。那么,创客们最想在路演中提高哪些方面的能力呢?

1)个人演讲能力

对于初创团队,个人演讲能力可以说是打开世界的一把钥匙,如果演讲能力差,即使项目有内容、有优势,但没有办法清晰地讲出来,没有人知道,吸引不到合作伙伴、客户和投资人,只能泯然于众人。而路演则是一个很好的锻炼机会,通过项目路演,充分地锻炼演讲和语言表达能力,获得提高,不管对于创业还是自身发展,都具有十分重要的意义。

2)逻辑思维能力

逻辑思维能力是指正确、合理的思考能力,即对事物进行观察、比较、分析、综合、抽象、概括、判断、推理的能力,采用科学的逻辑方法,准确而有条理地表达自己思维过程的能力。对于创业,逻辑思维能力更是重中之重,创业者作为公司规划和指令的决策者和执行者,必须要对自己做的事情有足够清晰的认知和判断,并作出科学性分析,而路演则是一个抽丝剥茧的过程,一步一步将项目表达出来,那么,表达的思路够不够好,是否足够清晰,痛点是否明确,主题是否清楚,这些都是逻辑思维能力的体现。而这些,正是一名优秀的路演者必须具备的能力。

3)路演 PPT 问题点拨

路演 PPT 是路演的直接展示材料,通过 PPT 辅助,来进行项目路演。每个项目路演PPT,都或多或少存在一些误区、盲点,或者由于自身知识、经验优先导致的问题。每次路演也是发现问题、解决问题的过程,创业者希望通过导师的点评,希望借助导师的经验和专业知识,为路演项目的完善提供指导性意见,对其问题进行点拨。

2. 项目辅导

对于项目路演,路演水平的提高,是为了更好地将项目内容、特点、优势等清晰明确地阐述给观众,而项目辅导则是为了让项目成长得更为完善、对项目的发展、推进、落实等提供指导性意见。打个比方,把项目看作一个产品,路演水平提高是产品的包装和宣传,而项目辅导则是对产品的质量和性能实现提升。那么,在项目路演有限的时间内,如何做好项目辅导呢?主要从以下三方面去分析。

1)可行性分析

可行性分析是站在客观的角度上,依托自己的社会经验、专业知识及对市场和用户需求的认知,对项目进行的可行性、预期收益、可能遇到的问题,进行科学化的分析和建议。这不仅仅是对项目的科学化评判,也是辅助创业者对自己项目有个更为清晰明确的认知,了解当前市场情况,分析项目预期,了解项目发展过程中可能遇到的问题,并做好准备和应对措施,对创业者的发展有很大的帮助。

2)痛点问题分析

痛点问题有两方面意思:一是该项目能够解决什么痛点问题;二是该项目具有什么痛点问题。有的创业项目,对用户的痛点问题,分析较为明确,但是对自身项目的痛点问题并没有清晰的认识。有的创业项目,不仅对用户痛点问题不明确,定位不清晰,对自身问题也没认知。创业者需要的辅导,是能够帮助他们,引导他们往正确的方向发展,能够解决企业问题的辅导。痛点问题分析,则是发现机会,解决问题,发现漏洞,查漏补缺的过程。

3)团队构建分析

对于创业来说,项目固然重要,但是更重要的是做项目的人。怎么样构建一个完善的团队,对于创业团队而言,都需要怎么样的人,这些大部分初创者都是没有经验也没有清晰想法的。创业团队对于项目路演的评审,占据了很大的影响力,因此,作为一名创新创业导师,有义务、有责任帮助创业者明确创业团队构建的要点,并对现有团队进行分析,辅助引导团队的发展方向和团队侧重。

6.8.2 如何做好项目路演导师

上文主要叙述了创客们对项目路演的期望和想要获得的内容,那么,在实际项目路演的时候,作为创新创业导师,需要怎么做,才能满足创业者的需求,达到创业指导的目的呢?

1. 倾听

首先,在项目路演过程中,需要做到认知的倾听,做到对项目清楚的了解。在倾听过程中,需要着重对以下五方面进行关注。

1)所属行业

项目所属行业,行业现状,关联行业,对项目所处行业背景环境有一个较为清晰的了解。

2)核心内容

项目核心技术、能够解决的痛点问题,创新点、赢利点,商业模式,用户定位,市场细分,核心竞争力等。

3)项目现状

项目进度、现有数据、用户规模、用户反馈、样品展示等。

4)发展规划

发展规划、意向客户、财务预测、项目完成情况预测,市场预测等。

5)团队构成

团队成员、团队侧重、团队分工,工作经验、技能特长等。

2. 点评

在项目结束后,对项目进行点评,点评内容侧重对痛点问题、核心竞争力、创业团队完善度、规划合理度等多方面进行分析,并提出企业社会责任感,引导创业者对企业所担负的社会责任有一定的认知,帮助创客们反省自己,反省项目。

1) 是否解决痛点问题

对项目解决的痛点问题进行分析,解决方案是否完善,问题是否重要。

2) 是否拥有核心竞争力

项目的核心竞争力是否清晰,能否获得竞争优势,有哪些方面的竞争优势。

3) 是否具有完善的创业团队

创业团队完善度、分工是否明确,职责划分是否清晰、团队凝聚力、执行力。

4) 是否有社会责任感

对创业行为的看法、是否具有正确的价值观、普及社会责任意识。

5) 是否具有合理发展规划

发展规划是否清晰,是否符合当前社会情况、是否做好风险应对措施。

3. 讨论

在点评完后,需要和创业者就项目进行共同讨论,了解创业者想法及预期,主要就以下五方面进行讨论。

1) 创业者/项目痛点问题

自身(人、项目)具有什么痛点问题,造成该问题的原因,解决方式,提出建议。

2) 如何解决问题

共同探讨创业过程中遇到问题的解决方式、思路、解决方法,从以前的解决方式中寻找优化方案,并培养问题解决方式和流程。

3) 如何进行市场竞争

同类型产品介绍、差异性、性价比、宣传方式、市场营销、提供内容、增值服务。

4) 战略构建如何实现

针对项目规划,如何制定企业发展战略,发展过程中注意的问题等。

5) 总结

对整体互动环节做出总结,并对项目、团队提出点评意见,如果有意向可以在路演结束后单独辅导,为创业者提供最好的辅导和帮助。

6.9　创业理论实践研讨会

6.9.1　创业理论实践研讨会概述

1. 创业理论实践研讨会的定义

研讨会(Seminar)是专门针对某一行业领域或某一具体讨论主题在集中场地进行研究、讨论交流的会议。它对于制定政策、发展战略、方法措施都有巨大作用。创业理论实践研讨会,是专门针对创新创业领域集中进行研究、讨论和交流的会议,是探索创新创业理论实践相结合,更好地用创新创业理论指导创新创业实践、用创新创业实践充实创新创业理论的有效途径。

2. 创业理论实践研讨会的意义

创业理论实践研讨会可以充分展示创业项目发起人、创业指导老师、科技工作者、创业管理部门等多个部门的意见,对创业项目的可行性进行充分的论证。创新创业管理部门(创业学院、创业指导中心、团委)可以从行政部门角度论证创业项目的优缺点,可以及时发现与学校政策、制度相违背的方面;创业指导老师可以从创意是否有市场、如何进行市场调查、如何从创意到创业项目,以及创业资源(包括场地、资金)等方面为创业者提出意见和建议;科研工作者可以从技术角度为创业项目提出改进的可行性建议;创业先锋人物可以从创业实践中将要遇到的困难和问题提出建议等。

创业理论实践研讨会是从创意到创业项目、从创业计划到创业实践必须经过的程序。如果没有这个步骤,则会在创业实践的过程中出现令人意想不到的棘手的问题,这些问题往往会使创业项目提前走向失败。

3. 创业理论实践研讨会的形式

创业理论实践研讨会的形式可不拘泥于普通会议的形式,因为研讨会要满足不同意见的参与者发言,发言应充分表达自己的观点,因此创业理论实践研讨会一般考虑"论坛型",可在相对封闭、安静、利于保密的会议室进行。同时对于某些适合实地参观考察以增加了解的,应在研讨会中安排实地参观考察。

除此之外,移动互联网的普及为研讨会提供了新的形式——网络研讨会,能够在节省成本的前提下,让更多用户和潜在用户获得研讨会内容,一般推广或营销类研讨会多用此方式。网上研讨会有直播和录播两种类型,与线下的研讨会一样,直播也是在指定的时间举办,并有演讲人进行演讲,演讲人可与观众互动,由于采用了视频直播的方式,因此观众也可获得很好的现场参与感。网上研讨会的内容可以很好地保存,缺点是观众间无法互动。

4. 创业理论实践研讨会的功能和特点

创业理论实践研讨会的功能有以下三点:

(1)创业理论实践研讨会是贯彻某项政策具体做法的交流沟通平台,对创新创业政策、创新创业发展战略,以及从创新创业理论到实践的方法和措施起到制定和推动作用。例如,为贯彻落实国家"双创"政策,交流创新创业经验的沟通平台,2016年中国校企协同产学研创新联盟在中关村软件园举办了"探讨双创模式推动大学生创新创业"为主题的创业理论实践研讨会,汇集、总结了全国高校的优秀创新创业经验和案例,为高校创新创业提供优质服务,在校企协同领域将产业创新驱动发展战略落到实处[①]。

---

① 中国校企协同产学研创新联盟.探讨高校"双创"模式 推动大学生创新创业——高校创新创业实践体系研讨会在中关村软件园举办[J].中国科技产业,2016.11.44-45.

（2）创业理论实践研讨会可以确定创意、创业计划、课题成果和科技成果转化为创业项目的可行性。研讨会组织者应汇集一段时间以来有价值的创意、创业想法、创业计划或者教师、科研工作者的某项课题成果和科研成果，进行研究讨论，对创意的可行性、科技成果转化为创业项目的可行性、市场容量等情况进行充分论证，从而确定创意、创业计划或者课题成果和科研成果转化为创业项目的可行性。

（3）创业理论实践研讨会在创业实践过程中起到纠偏扶正的作用。在确定可行性的基础上，制定并执行创业计划，在执行过程中，由创业指导老师决定在合适的时机（如企业战略出现混乱等）召开创业理论实践研讨会，研讨会可以进一步厘清创业者的思路，纠正出现的错误并防止创业项目负责人做出错误的决策。

创业理论实践研讨会的特点主要有：创业理论实践研讨会因其研讨内容的性质，应具备针对性和实用性的特点。每一个研讨会应该聚焦于某一项科技成果、某一个研究课题成果，或某一类创新创业想法或创业计划。研讨会应尽量避免空洞烦琐的程序，做到实用性，让创新创业项目以最快的速度、最简便的程序接受市场的检验。

6.9.2　创业理论实践研讨会的组织与实施

1. 研讨会参加者选择

创业理论实践研讨会参加者应包括以下人员创意（包括创业想法、创业计划等）的提出者、科技成果（包括发明专利、实用新型专利等）所有者、科研课题成果的主持人；创业指导老师；创新创业理论专家（包括高校创新创业专业骨干教师）、创新创业领域先锋人物（包括研讨会研讨内容所涉及的相关行业的创业成功者或有相关创业经历的人），共同探讨创业计划的可行性、科技转化项目的可行性，或在创新创业实践过程中遇到的问题，研究和探讨创新创业实践的方法，推动创新创业项目更好地开展。

2. 研讨会的规模

创业理论实践研讨会是针对创新创业领域的独特主题，专业性较强，参加研讨会的人员数量根据举办单位和会议议题的不同，规模应在 5～50 人之间。

3. 研讨会的场地条件

创业理论实践研讨会通常需要在正式的会议室举行，会场应提供投影仪、音响、麦克风、白板等演讲所必需的设施。小于 20 人的研讨会应采用圆桌式，便于公平交流。

4. 研讨会议题内容的确立

创业理论实践研讨会的议题应集中在创新创业领域，议题应围绕探索创新创业理论实践相结合，怎样更好地用创新创业理论指导创新创业实践和用创新创业实践充实或纠正创新创业理论等方面来选题。

研讨会议题示例：创新科技成果转化或创业想法的可行性；提高大学生创新创业意识和实践能力的方法；如何在创业园、科技园、大学生创业实践基地、相关企业等场所开设大学生创新创业课程；如何形成高校、创业基地、企业和社会四方联动的长效机制；如何提升大学校园创新创业氛围；如何实行创新创业教育与某个专业教育的深度融合；如何结合本校学生和学校的实际情况来编写适合的校本教材等。

5. 研讨会的准备

创意和创业计划提出者、科技成果所有者应该准备以下材料：通过查阅国家统计部门公布的有关数据了解创业项目所在地区的人口特征和正在显现的消费趋势；查阅已发表的学术论文和调查报告了解某个行业的技术发展和应用的情况；通过查阅报刊和政府网站等方式，系统搜集国家颁布的有关法律和相关政策，判断该创业项目所在的行业产业是否存在创业机会。

创业指导老师应是研讨会的主要组织者，应提前指导研讨会涉及的创业计划提出者和研讨项目负责人查阅相关网站、报刊等搜集相关数据，并得出实际的结果以便会上讨论并告知创新创业理论专家、创新创业领域先锋人物、创新创业管理人员等研讨会的议题、主要研讨项目等情况。

6. 创业理论实践研讨会的方案

创业理论实践研讨会的方案设计应包括研讨会时间、地点、参与对象说明；主办单位、执行单位和合作单位说明；研讨会背景、主题、内容及目的说明；研讨会主要内容和日程；咨询联络方式说明。背景、主题应该简明扼要、观点鲜明、开门见山，研讨会目的说明要明确；内容设置合理。

7. 研讨会实施过程中的管理

研讨会应设主持人，创业指导老师应是研讨会的召集人和主持人；主持人应按预设的每人发言时间和讨论时间，将研讨会整体时间控制在 2 小时以内；主持人对于讨论中偏离主题的现象应进行提醒和纠正。

8. 研讨会成果汇总

研讨会应设有记录员，记录发言和研讨的主要内容，重要的研讨会要有影音录像以保留资料；研讨会形成的决议决定要及时汇总，并依据决定做出下一步工作计划，并遵照执行。

6.9.3　创业理论研讨会成果应用和实践

创业理论实践研讨会的成果分为政策类成果和实践类成果两类，政策性成果可以形成相应的文件，颁发并执行文件即可。例如，针对提高大学生创新创业实践能力研讨会可能形成在全校开设 SYB 创新实践课程的政策提案。

实践类成果是针对科技成果转化或创业计划转化为创业项目的可行性的成果，包括对创业计划书可行性的审定和修正，以及形成科学的可执行度高的创业计划。研讨会结束后，相关人员应立即开始执行以下实践：

1. 市场调查实践

针对每一个科技创新成果、研究课题成果，以及某一项或几项创意，研究成果市场化可行性及市场推广方法研讨会,制定市场调查方案,确定项目专家评审组兼创新创业导师团成员。

实施市场调查的人员应先通过查阅国家统计部门公布的有关数据了解某地的人口数量和结构、收入水平、消费水平和结构等,从中可以分析该区域人口特征和正在显现的消费趋势,分析该行业应用创业项目的可能性,判断是否存在创业机会;可以查阅已发表的学术论文和调查报告了解某个行业的技术发展和应用的情况,系统了解城乡之间、地区之间的消费者在价值观、消费观等社会文化方面的差异,进而分析自身创业项目是否存在创业机会;可以通过查阅报刊和政府网站等方式,系统搜集国家颁布的有关法律和相关政策,判断该创业项目所在的行业产业是否存在创业机会。

其次,创业团队应和创新创业导师共同提出切实可行的调研方案,采取问卷调查、访谈法等方法进行调研。市场调研策划要求做出具体详细的调研方案,缜密的策划和安排,认真负责且充分分析每一个调查的问题,如对调查问卷的设计和收发、何时何地进行访问,访问多长时间,参与人员和访问主线等。

2. 市场分析实践

在市场调查的基础上,召开市场分析研讨会(仅需创新创业导师和创业团队参加即可),对科技成果或创业计划的可行性、经济性、适用性及市场前景做出较为权威的评估,为项目顺利开展提供保障。

对收集到的调研数据,需要整理出有效的数据,并对其进行细致的处理和分析。首先,将规范的数据按照维度整理、录入、审核编辑、再加工、分组汇总等过程,不规范的数据先通过定性处理将其规范化,然后再利用工具进行分析。确保调查的每个关节都符合既定程序。市场分析应包括:

消费者分析:创业项目提供的产品或者服务的消费者总量、年龄、收入、受教育程度、购买动机、时间、地点、购买频率及购买行为方式等;

竞争者分析:消费者对竞争者所提供产品或服务的印象及评价怎样,对品牌的认知度、偏好、复购率、最满意的地方和最不满意的地方、忠诚度如何等。

3. 组建团队实践

组建团队应由项目发起人和指导老师共同拟订,并上交研讨会讨论决定,应考虑以下因素:

(1)项目负责人。项目负责人是创业项目的决策者,对创业项目的发展意义重大,必须由团队成员共同推举,一旦出现团队意见不一致的情况时,项目负责人能够平衡各方面因素做出相对正确的决策。一般来说,项目负责人由项目发起人担任,如项目发起人和创意提出人不具备担任负责人的能力,可以由创新创业导师兼任,后期在项目发展过程中在团队成员中选择合适人选。

(2)目标一致性和性格能力互补性。优秀团队的最重要表现是目标的一致性,加入创业团队时要考虑加入者的动机和态度。另外,创业团队应由不同性格的人组成,即力量型、和平型、完美型和活泼型,每一种性格应分配不同的工作,如力量型性格适合营销、完美型适合研发、和平型适合行政等。

(3)制度约束。创业团队需要明确管理制度,制度应以有利于公司发展为标准,制度一旦出台,要严格执行制度,用制度修正每个团队成员的行为。应以适应项目或企业发展的业务规划制定人员管理的政策制度,如果团队成员符合要求,达到职能匹配,则可以共同奋斗,如不能则要进行学习培训补充知识技能,同时要向学校和社会广纳人才。

(4)招募团队成员。分析创业项目的现状,制定人才需求方案和对应能力的选拔标准。再在全校范围内发布成员招募信息,对简历进行海选和面试,完成对候选团队成员的创业胜任力审核,通过者定为实习团队成员。实习团队成员的考核应由任务绩效和关系绩效构成:任务绩效包括在工作中表现出来的能力、熟练程度、完成工作的质量和相关专业知识技能等;关系绩效包括人际关系、工作态度、工作效率等。[1]

(5)创新创业导师在创业项目中的角色。创新创业导师一般在创业项目中担任协调人的角色。首先是资源协调人,如创业项目初创时缺乏场地、资金、成员、技术等资源,创新创业导师可以调度掌握的校内外资源解决这些问题。例如,可以入驻各类大学生创业孵化器解决场地问题;可以帮助学生申请人社部门、社会公益组织的各类创业贷款和创业基金,或者指导学生参加各级各类创新创业大赛获得投资或奖金,创新创业导师本人甚至可以充当天使投资人,为创业项目注入启动资金。

4. 执行并调整计划实践

创业团队的每一位成员对待创业项目应抱有必胜的信心和强烈的执行欲,在执行既定创业计划时应不折不扣地完成,并在执行过程中思考创业计划的不足之处,及时汇报给项目负责人,项目负责人应召集团队成员和创新创业导师召开会议研讨修改或调整创业计划,使其效果更加明显,更快走向成熟。

6.10 创业项目融资管理

6.10.1 创业资源的获取与整合

1. 创业资源的构成

创业资源是指新创企业在创造价值的过程中需要的特定的资产,包括有形资产与无形资产,它是新创企业创立和运营的必要条件,主要表现形式为:创业人才、创业资本、创业机会、创业技术和创业管理等。

2. 创业资源的整合

下面先看农夫儿子娶石油大亨洛克菲勒女儿的故事:某商人要把农夫儿子带进城,农夫舍

---

[1] 刘显铭,熊亚洲,曾曼,等. 大学生创业团队组建过程中的问题分析[J],科技创业月刊,2017.10(30):67-70.

不得,不同意。商人说,如果我保证你儿子进城后可以娶到石油大亨的女儿呢? 农夫没有理由拒绝了,放人了。商人找到某著名大银行家,告诉他,他该让这个小伙子当行长。银行家不假思索地拒绝了。商人说,如果这小伙是石油大亨洛克菲勒的女婿呢? 银行家连忙安排小伙担任行长。商人又登门造访洛克菲勒并向其提亲,商人对洛克菲勒说,你女儿有门好亲事。洛克菲勒一脸不屑。商人说,如果那小伙是著名银行的行长呢? 洛克菲勒马上满脸堆笑。于是农夫儿子不但进了城,还娶到了石油大亨洛克菲勒的女儿。

这则故事告诉创业者有效整合各类资源将把不可能的事情变成可能。

(1) 专注聚焦,打造"小而美"的企业。

(2) 协同价值链资源,实现合作共赢。

(3) 利用平台资源,融入创业生态圈。

6.10.2　创业融资的渠道

1. 创业融资目的

1) 获取指导

风险投资人和天使投资人,常常是行业中的专家或成功的前创业者。通常具备挑选项目的眼光和培植项目的能力。他们提供的关于产品、技术方面的专业意见,或者关于公司管理、商业模式、战略方向的经验与思考对创业公司是无价之宝,远重于投资。

2) 获取资源

投资人具有资金以外的资源,包括政府、媒体、人才、市场渠道及下一轮融资的渠道等。

3) 加快速度

在项目初期烧钱好似很愚蠢,但事实是很多安静的项目被冒进的项目用钱砸死。潜在的竞争对手可能已经采用了这条策略,赶超对手,或者被赶超。

2017 年的共享单车行业,持续获得投资人高额投资的摩拜、ofo 还在开展补贴大战,竞争市场份额,而没有获得后续融资的小蓝单车、悟空单车已经消失。对一些关注度较高的行业,持续地获取资源,加快了行业发展和企业的淘汰速度。

2. 创业融资渠道

融资渠道是指协助企业的资金来源,主要包括内部融资和外部融资两个渠道。

1) 内部融资

企业内部融资是指从企业内部开辟资金来源。从企业内部开辟资金来源有三方面:企业自有资金、企业应付税额和利息、企业未使用或未分配的专项基金。

2) 外部融资

外部融资是指企业从外部开辟的资金来源,主要包括:银行信贷资金、非银行金融机构资金、其他企业资金、民间资金和外资。

目前国内创业融资常用的渠道包括:

1）合伙融资

合伙融资，创业者的"调剂师"。寻找合伙人投资是指按照"共同投资、共同经营、共担风险、共享利润"的原则，直接吸收单位或个人投资、合伙创业的一种筹资途径和方法。合伙创业不但可以有效筹集到资金，还可以充分发挥人才的作用，并且有利于对各种资源的利用和整合，尽快形成生产能力，降低创业风险。

点评：俗话说，"生意好做，伙计难做"，合伙投资方式中人人是老板，容易产生意见分歧，降低办事效率，也有可能因为权利和义务的不对等而产生合伙人之间的矛盾，不利于合伙基础的稳定。

2）风险投资

风险投资是一种高风险、高回报的投资，风险投资家以参股的形式进入创业企业。风险投资比较青睐高科技创业企业。风险资本的主要来源是：富有的个人、政府、企业、机构投资者、商业银行、境外投资者等。

点评：风险投资，特别是天使投资是创业初期非常好的融资渠道，他们更关注创业企业的赢利模式和创业者本人，流程会更为专业。

3）互联网融资

对于创业者来说，项目起步阶段寻找风险投资或其他渠道融资失败时，互联网就成为他们融资的选择。目前，p2p、众筹模式等互联网融资渠道已经成为创业者越来越关注的融资渠道。

点评：作为创新事物，互联网融资无疑存在较多监管上的漏洞，还有许多待解的难题，如在实际操作时如何做到透明、诚信、公平。同时由于国家近期对互联网金融的管控不断加强，各项法规仍在不断完善中，现阶段互联网融资渠道的变数较大，应以关注为主，未来随着环境的改善，法规的健全，互联网融资将成为一个重要的创业融资渠道。

4）商业银行贷款

商业银行贷款分以下几种方式：

（1）信用贷款是指银行仅凭对借款人资信的信任而发放的贷款，借款人无须向银行提供抵押物。

（2）担保贷款是指以担保人的信用为担保而发放的贷款。

（3）贴现贷款是指借款人在急需资金时，以未到期的票据向银行申请贴现而融通资金的贷款方式。

点评：商业银行贷款要求多，手续烦琐，经手人多，任何一个环节都不能出错，作为创业团队，获取难度较大。

5）政府创业扶持基金

2015年，李克强总理在两会中提到要大力支持"大众创业、万众创新"，随后各级政府出台了很多支持人才创新的政策体系。创业者可以通过参加创业大赛，入驻孵化基地，申报各类项目等方式获得相关的扶持资金。政府创业扶持基金的申请流程如下：

（1）提出申请：

创业企业向就业管理中心提出申请，就业管理中心审核资格，并将符合贷款申请条件的创业企业名录转交金融机构。

（2）贷款审查：

申请贷款的创业企业向金融机构提交《创业扶持基金贷款业务申请表》（网站下载）。金融机构按照信贷管理规定受理申请，进行调查评价、贷款审核。

（3）贷款推荐：

金融机构依据审查结论，提交《创业扶持基金贷款业务推荐函》。

（4）审查备案：

审查同意后出具扶持基金贷款备案文书，通知申请贷款的创业企业办理相关贷款手续。

（5）缴纳企业风险补偿资金：

申请贷款的创业企业在约定期限内按规定将企业风险补偿资金交存就业管理中心在金融机构开立的专用账户。

（6）合同签订：

金融机构与申请贷款的创业企业签订贷款合同、抵质押合同或担保合同。

（7）贷款发放：

金融机构向申请贷款的创业企业发放贷款，并在贷款发放后 3 个工作日内告知相关部门。

对创业者来说，特别是大学生创业者比较推荐的融资渠道是自筹、天使投资、政策支持（见图 6-1）。总之创业简单，融资不易，创业融资，要多管齐下，融资渠道要多多益善。

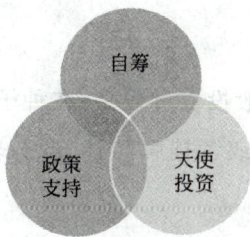

图 6-1 大学生创业者创业融资主要来源

6.10.3 创业融资的策略

1. 创业企业不同发展时期的融资方式选择

创业企业在不同时期的融资方式、融资对象（天使投资人，风险投资人）是不同的，图 6-2 中标注了创业企业主要的融资过程。

（1）天使投资（Angel Investment），是权益资本投资的一种形式，是指富有的个人出资协助具有专门技术或独特概念的原创项目或小型初创企业，进行一次性的前期投资。

主要平台：天使汇、创投圈、36 氪加、大家投、人人投、天使湾、天使客等。

（2）风险投资（Venture Capital，VC），在中国是一个约定俗成的具有特定内涵的概念，其实把它翻译成创业投资更为妥当。广义的风险投资泛指一切具有高风险、高潜在收益的投资；狭义的风险投资是指以高新技术为基础，生产与经营技术密集型产品的投资。VC 是企业战略初步成型以后用以支撑企业去实施战略的投资。

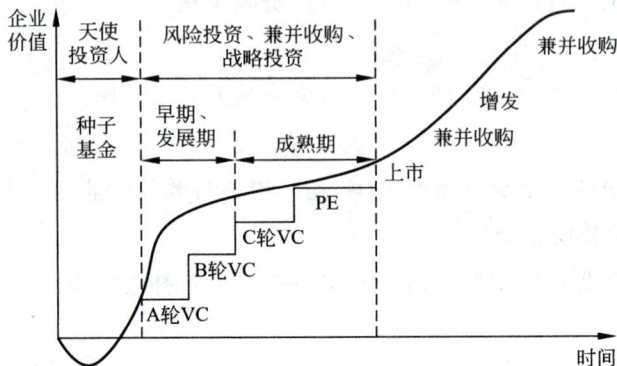

图 6-2　创业不同阶段的融资对象[①]

（3）私募股权投资（Private Equity，PE），是指投资于非上市股权，或者上市公司非公开交易股权的一种投资方式。私募股权投资的资金来源，面向有风险辨识能力的自然人或具有风险承受能力的机构投资者以非公开发行方式，来募集资金。PE 主要是投资于非公开发行的公司股权。

主要平台：DCM 资本、中国 IDG 资本、北极光创投、晨兴资本、达晨创投、红杉资本中国基金等。

2. 风险投资的投资逻辑

在风险投资中，企业或个人的一般投资过程是：在种子期或者成长期通过资本或者其他资源形式以较低的价格入股，通过 IPO 或者挂牌转让，股权转让或者清算退出实现盈利。目前常见的风险投资企业类型有：

1）传统 Pre-IPO 模式

国内传统创投主要投资较为成熟的企业，一般是企业上市之前或预期企业可能近期上市时。这种模式的退出方式一般为企业上市以后，通过二级市场出售股票实现投资收益。从历史的收益率情况来看，由于被投资企业一般较为成熟，且新股通常受到投资者追捧，因此可以获得较高的投资回报。

2）区域孵化模式

主要是以产业园区为核心，着力打造产业地产及产业投资的有机融合。依托创新园区，整

---

① 来源：桂曙光《创业之初你不可不知的融资知识》，第 25 页。

合创业资源,组建包括投贷联动、创业陪练等创业服务联盟。投资项目主要以种子期、初创期为主,后期通过园区内孵化,通过 B 轮、C 轮或上市实现项目退出。

3)上市公司＋PE 模式

私募类创投公司开始探索并购、一二级市场联动、新三板基金等新型盈利模式,PE 联手上市公司成立并购基金成为一种新的退出渠道。

在寻找投资的过程中,不同的创投公司投资风格各有不同,各自有擅长的领域,所以找对投资人很重要。

3. 风险投资的类型

1)天使投资

天使投资(Angel Investment),是权益资本投资的一种形式,是指富有的个人出资协助具有专门技术或独特概念的原创项目或小型初创企业,进行一次性的前期投资。

天使投资的投资方法主要是看人,由于天使投资过程依赖投资人的经验和直觉,很难进行理性的分析,因此做这个决策的一般都是个人投资者,风险大,投资少(<500 万),投资的项目数量比较多。

主要平台:天使汇、创投圈、36 氪加、大家投、人人投、天使湾、天使客等。

2)风险投资

风险投资(Venture Capital,VC),广义的风险投资泛指一切具有高风险、高潜在收益的投资;狭义的风险投资是指以高新技术为基础,生产与经营技术密集型产品的投资。VC 是企业战略初步成型以后用以支撑企业去实施战略的投资。企业进入成长期以后,战略基本成型,准备着手投入资源去实现这个战略。这个时候进入的投资,就可以算作是 VC。

主要平台:深创投、红杉资本、高瓴资本、金沙江创投、达晨创投、君联资本、经纬中国、创新工场、今日资本等。

3)私募股权投资

私募股权投资(Private Equity,PE),是指投资于非上市股权,或者上市公司非公开交易股权的一种投资方式。私募股权投资的资金来源,面向有风险辨识能力的自然人或具有风险承受能力的机构投资者以非公开发行方式,来募集资金。PE 主要是投资于非公开发行的公司股权。

企业进行 PE 融资的目的是为了上更高的台阶。

主要平台:DCM 资本、中国 IDG 资本、北极光创投、晨兴资本、达晨创投、红杉资本中国基金等。

国内主要的天使投资公司和风险投资公司如表 6-2 和表 6-3 所示。

表 6-2　国内主要的天使投资公司

公 司 名 称	主要投资领域	投 资 案 例
真格基金	移动联网、教育、电子商务、医疗健康	聚美优品、世纪佳缘、蜜芽网等
创新工场	移动互联网、生活消费、教育、金融支付、硬件	美图、知乎、豌豆荚等
联想之星	科技、媒体、通信、先进制造、医疗、健康	乐逗游戏、思必驰、住百家、FACE++等
隆领投资	互联网、文化创意、艺术品	易名中国、欣欣旅游、联创兄弟、智能遥控等
九合创投	互联网、移动互联网及电子商务	36氪、下厨房、91金融等
梅花天使	互联网、移动互联网、现代服务、传媒新媒体、文化创意、游戏	大掌门、唱吧、趣分期、Fill耳机等

表 6-3　国内主要的风险投资公司

公 司 名 称	主要投资领域	投 资 案 例
IDG技术创业投资基金	消费品、连锁服务、互联网及无线应用、新媒体、教育、医疗健康、新能源、先进制造	百度、搜狐、腾讯、搜房、携程、汉庭、如家、金蝶、康辉等
软银中国	信息技术、清洁技术、医疗健康、消费零售和高端制造	阿里巴巴、淘宝网、分众传媒、万国数据、迪安诊断等
红杉资本	科技、传媒、医疗健康、服务、新能源	新浪网、万学教育、大众点评网、唯品会等
联想投资有限公司	软件产业、IT服务、网络设施、电信通讯	卓越网、文思创新、高德、易车网等
今日资本	互联网、科技、消费、电商、文化创意	网易、京东、土豆网、真功夫、钻石小鸟等
浙商创业投资股份有限公司	电子信息、环保、医药化工、新能源、文化教育、生物科技、新媒体	贝因美、华策影视、中搜网、喜临门等

4. 创业者融资注意事项

1) 融资多少最适合

创业者常常会过分高估创意或技术的商业价值,而低估价值实现过程中的风险,所以会出现创业者和投资人对创业企业的估值之间的巨大落差。有的创业者希望一次性获得一大笔投资,一劳永逸,但现实是基本不可能的。为了获得融资,创业者需要客观地估算启动资金,测算营业收入、营业成本和利润。

同时还要给下轮融资预留时间,预防下一轮融资过程中公司的资金链断裂,公司的银行账户余额应该能够维持公司15个月的运营。所以,通常需要把计算出来的融资额度乘以1.5,这才是最终的融资金额。

2) 坦然面对拒绝

创业如逆水行舟,挫折、打击是创业中的一部分。融资过程中,由于投资人对项目不了解,或者个人观点不同,创业者难免会遭到投资人的拒绝。创业者应以平常心对待拒绝。融资渠道多种多样,投资人各有所长,积极完善自己的项目,增加各种接触投资人机会,认真听取别人的意见,会让创业者对自身的发展方向更为了解。

3)融资时机十分重要

风险投资本质上是锦上添花,不是雪中送炭。融资就是要出让股份,换取企业生存。因此创业项目持续增长,前途光明,就会受到投资人的追捧,而当业务欠缺成长性,发展不够好时,则会被市场和资本抛弃。因此,引入资本的时机就变得非常重要。

创业融资要做到未雨绸缪,如果在急需资金的情况下仓促地去融资,可能会导致融资条件苛刻,企业会陷入过低估值,过多转让股权,创始人股权被稀释太多的困境。所以,面对瞬息万变的市场,创业者要在企业经营状况良好时抓住融资的好机会,利用融到的资金扩大市场占有率并招贤纳士。同时也要节省资金使用,保持健康的现金流管控,为企业困难时期做好准备。

5. 创业融资流程

在了解自身资金需求、所在行业一般融资规模和筛选目标投资机构之后,创业企业就可以按照流程进入正式融资阶段。一般来说,创业公司向投资者融资的流程包括图 6-3 所示的几个步骤。

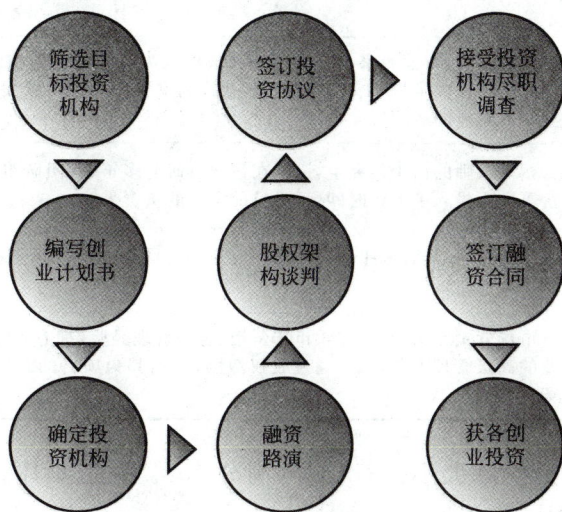

图 6-3　创业融资流程

6.10.4　股权分配机制

1. 融资前股权分配

融资前创始人需要明确各自的责任,以便于进行股权分配。在这里通过一个简单化高校师生共同创业的例子,讲解融资前创业团队如何分配股权的。

1)确认谁有权利分配股权

创业团队讨论认为以下五类贡献可以参与股权分配:提供创意或者技术专利;参与创业计划书写作;企业急需领域的专家;担当与风险;具体实施。

2）确定权重

虽然上述每一类都对创业有所贡献,但是并不是每一类的贡献大小都是一致的,因此通过讨论确定每一类贡献的权重,以便加以区分,如表 6-4 所示。

表 6-4　贡献权重

序　号	贡　献	权　重
1	提供创意或者技术专利	7
2	参与创业计划书写作	2
3	企业急需领域的专家	5
4	担当与风险	7
5	具体实施	6

3）创始人打分

经过讨论本项目共有 4 位创始人,如表 6-5 所示。

表 6-5　4 位创始人

序　号	创　始　人	描　　述
1	指导教师	高校教师,行业专家,专利持有人(该项目为指导教师研究多年的科研成果进行转换),项目早期在技术指导、团队组建、创业计划书写作中投入较大精力。但是指导教师并不参与项目具体的运营
2	项目负责人	指导教师的硕士研究生,已经在该项目研究多年,在团队组建、创业计划书写作、项目运营等方面投入了大量时间,项目目前实际的负责人
3	专家 1	行业专家,具有多年产品开发、生产经验,目前通过引荐进入项目 2 个月时间,主要负责产品生产
4	专家 2	市场营销专家,具有多年市场营销、企业管理经验,拥有稳定的客户群体,现为某大型企业的高级管理人员,现拟通过股权激励,聘用其为项目的总经理,负责设计企业架构与市场营销渠道

以指导教师为例按照贡献大小进行打分(满分 10)。通过集体讨论具体得分如表 6-6 所示。

表 6-6　指导教师贡献得分表

序　号	贡　献	权　重	指导教师	得　分
1	提供创意或者技术专利	7	10	70
2	参与创业计划书写作	2	3	6
3	企业急需领域的专家	5	6	30
4	担当与风险	7	0	0
5	具体实施	6	0	0
	合计			106

依次为其他创始人打分,如表 6-7 所示。

表 6-7 创始人贡献得分表

贡　　献	要素权重	指导教师	项目负责人	专　家　1	专　家　2	合　　计
创业点子	7	10	3	3	0	23
商业计划书	2	3	8	1	0	14
领域的专业性	5	6	4	6	4	25
担当与风险	7	0	7	0	0	14
责任	6	0	6	0	0	12
分数合计		106	142	53	20	321
股权比例		33%	44.2%	16.5%	6.2%	100%

需要指出的是上例只是一个简单化的示例,不同的项目在权重、分值设计上需要共同讨论近似反映真实的情况,股权比例公式是不变的,变化的是贡献、权重、得分、创始人的数量。除上述方法之外,还有其他方式分配股权,创始人可以共同讨论来设计股权分配的方法。公式如下:

$$股权比例 = \frac{贡献 \times 权重}{\sum 贡献 \times 权重} \times 100\%$$

2. 天使轮股权分配

天使轮融资过程中需要清楚以下几个公式:

融资前估值 + 融资金额 = 融资后估值

融资金额/融资后估值 = 出让股份比例

融资后估值 = 总股本 * 每股价值

股份数量 = 总股本 * 股份比例

股权价值 = 股份数量 * 每股价值 = 融资后估值 * 股份比例

下面以同福客栈的创业为例介绍天使轮股权分配,同福客栈作为创业项目,目前主要的创始人有 3 位佟掌柜、吕秀才、老白,持股情况如表 6-8 所示。

表 6-8 持股情况

原始股东			
总股本	10 000		
每股价值			
股东名单	股份数量	股份比例	股权价值
佟掌柜	6 000	60%	
吕秀才	2 000	20%	
老白	2 000	20%	
融资前估值(两)	2 000		

天使投资人钱老板认为同福客栈未来具有良好的成长性,创始人团队专业能力强,人员配置合理,通过协商决定向其提供投资,如表 6-9 所示。

表 6-9　天使投资介入

股东名单	原始股东			天使投资			
	股份数量	股份比例	股权价值	投资额(两)	股份	股份比例	股权价值(两)
总股本	10 000				12 500		
每股价值(两)					0.2		
佟掌柜	6 000	60%			6 000	48%	1 200
吕秀才	2 000	20%			2 000	16%	400
老白	2 000	20%			2 000	16%	400
钱老板(天使)				500	2 500	20%	500
合计	100%					100%	2 500
融资前估值(两)	2 000			2 000			
融资后估值(两)				2 500			

核心变量如下：

① 融资金额：500；融资前估值：2 000；

② 融资后估值＝融资金额(500)＋融资前估值(2 000)＝2 500；

③ 转让股权比例：(500/2 500＝20%)；

④ 计算总股本：10 000/(1－20%)＝12 500；

⑤ 分别计算各股东股份比例：

佟掌柜：6 000/12 500＝48%；

吕秀才：2 000/12 500＝16%；

老白：2 000/12 500＝16%；

⑥ 钱老板(投资人占股)：12 500＊20%＝2 500；

⑦ 股权价值：

2 500×48%＝1 200；

2 500×16%＝400；

2 500×16%＝400；

2 500×20%＝500；

上述计算过程中股权分配的基本原则如下：

(1) 创始人持有的股份数量不变(除非有创始人退出，并愿意转让自己的股份)。

(2) 股份比例被稀释(总股本增加，创始人占股比例被稀释，参见⑤)。

融资建议如下：

作为创业企业融资过程可以小步快跑，早期融资金额不必很高，尽量在早期减少股权稀释。

避免出现企业估值减少的情况，否则创始人的股份比例会被稀释得很低，不利于公司长期发展。

第 7 章

创新创业导师聘任

7.1 聘 任 机 构

7.1.1 聘任机构类型

创新创业导师聘任机构的集约性、领导性、服务性特点决定了聘任机构的类型,也决定了成为聘任机构需要的基础条件:相对的物理空间,被创新创业者认可的管理架构,相对完善服务于创业者及创新创业项目的服务体系。

集约性:在聘任机构的管辖、服务的物理空间或者虚拟空间内,有较多的创业项目诞生,并且相关创业项目有一定的共性,如创业者共性(所有创业者或者核心创业者为女性、大学生、归国人士等),创业项目所属产业共性(电子信息、文化产业、互联网产业等)。

领导性:聘任机构对于创业方、创业者或者项目本身有着一定的管理、管辖、指导权利。例如,商业化运营的管理方对于园区内的创业项目的引入、指导、办公空间、办公管理,甚至投融资等有着很主动的实际控制权,大学创业园区的管理方就更加具有实际的、直接的管理和领导性,甚至很多创新创业导师聘任机构就是一级实际的行政机构,或者整个项目主体的实际运营方和管理方(园区管委会)。

服务性:聘任机构本身对创新创业导师的聘任就是对创业项目的服务,同时聘任机构提供的服务内容还有很多方面(如公司注册、工商代办、空间租赁、财务代管、法务咨询、项目路演、投融资咨询等)。创新创业导师聘任机构的服务性才是创新创业导师聘任机构的社会化、产业化的根本属性,如果丧失了服务性这一根本性质,创新创业导师聘任机构也就没有聘任创新创业导师的必要性了。

基于此,创新创业导师聘任机构主要有以下几类:

1. 大学类

大学类包含:校方、学生会、学校内部双创空间等大学内部的相关机构,如江苏大学、中央民族大学、成都科技大学学生会等。

主要特点:创业项目和团队处在创意发生、商业模式搭建、团队组建等偏早期阶段,成熟度、市场化较差。

2. 园区类

园区类包含：工业园区、科技园区、双创园区管委会等相关政府机构类型。

主要特点：创业项目和团队相对成熟，甚至部分已经进入市场化运作阶段。该类型创业项目一般围绕一个主行业，或者一个产业链的全流程分布，创业项目之间有一定的相关性。

3. 协会类

协会类包含：部分政府行业型事业类单位、社会化专业型行业社团。

主要特点：该类创业项目和团队有条件享受政策性、行业性优惠条件。

4. 其他类

其他类包含：社会化、商业化运营双创基地、双创空间。

主要特点：除少数优秀典范外，社会化、商业化运营创新创业导师聘任机构普遍存在专业度不够、服务体系不完善、相关支持资源不够丰富的现状，绝大多数变相成为办公场地出租业态。

7.1.2 机构聘任创新创业导师的目的

机构聘任创新创业导师有不同的目的，主要由聘任机构的类型差异决定。

（1）大学类聘任机构聘任大学生创新创业导师是为了促使学生成功创业，根据其创业过程的阶段特点，聘请相关导师在创业阶段过程中进行针对性的指导。旨在帮助大学生树立创业理念，指导创业实践，提供创业服务，促进大学生成功创业，以此造就一批大学生创业者、带动一批人员就业、建立大学生创业促进的长效机制。

（2）园区类聘任机构聘任创新创业导师，使园区内相关创业企业持续发展，健康成长。根据园区内企业特点，聘请相关导师对其企业发展过程各节点进行专业化指导，促使企业在商业模式、企业管理、市场运营、投融资等方面的实际操作过程中不断成熟，成为优秀企业。

（3）协会类聘任机构聘任创新创业导师，主要是承担社会化公益性，或者行业指导性的义务和责任，有较强的公益性。

（4）其他商业化运营的形式聘任创新创业导师，主要是聘任机构将创业企业看作是服务对象和投资对象，通过创新创业导师的专业化辅导，在提供相关创业辅导服务的同时，不断提高创业型企业的品质，以获得服务和投资的价值最大化。

7.1.3 机构聘任创新创业导师的原则

机构聘任的创新创业导师除了具备高尚品德、有一定的教育培训经验外还应当遵循以下原则：

1）公益性原则

致力于帮助企业提高自主创新能力，愿意为大学生创业和区域经济发展提供公益性服务。志愿贡献时间、精力、智慧和经验，志愿提携和帮助创业者，追求创业企业成功运作所获得的精神回报和成就感。

2）专业性原则

熟悉企业管理和市场运作，对科技、经济、市场发展有准确的预判，或经历创业过程并已经获得成功，具有对创业企业进行实际辅导的能力与经验，能对大学生创业者提供导向性、专业性、实践性的辅导服务。

3）综合资源配置原则

对适合进行投资的辅导项目和企业，愿意率先投入，并积极向创业投资机构推荐，并根据自身具有的销售渠道、媒体、政府、产业链上下游支持等综合性社会优势资源予以匹配，为创业企业获得更好的外部发展环境。

作为创新创业导师管理方的实际聘任机构，同时也应当遵循以下原则：

1）因地制宜的原则

聘任机构要根据机构自身的实际资金、场地、影响力、地域限制等具体现实条件聘任创新创业导师，在力所能及的情况下，尽可能为创新创业导师提供更好的待遇、工作环境、社会地位，以便创新创业导师更加主动地为创业企业和创业团队服务。

例如，一所地方性大学创新创业导师团队的聘请，就要重点考虑因地制宜的原则，有能力的情况下与同类的国内知名院校的创新创业导师团队建立起交流指导关系，聘请有代表性的行业专家，同时更关键的是要根据当地的经济发展和实际产业布局与本校的创业环境和专业相结合，聘请当地优秀的成功的创业型企业家、区域行业领军企业的创始人作为导师，起到示范作用，让创新创业导师更加贴近创业团队，后期还可以帮助相关认可的创业团队引进企业进行孵化。

2）因材择教的原则

聘任机构要根据机构自身实际管理的创业团队和项目的行业具体情况，选择相应的、针对性的创新创业导师。

工科技术类的学院和专业，学生创业团队普遍存在重技术轻管理、重理论轻实践、重研发轻市场的现象，那么创新创业导师聘任机构，就要从这几个薄弱点聘请相应的、有更多时间与经验的管理型导师、在相关行业处于领军地位的企业核心创始人。

双创空间辖区范围内创业企业的成熟度相对高于大学创业团队，那么如何处理好企业成长过程中的管理难题，如何提升企业核心技术，如何适应不同成熟度的市场，甚至包括分阶段的投融资等均是双创空间企业关注的重点，创新创业导师聘任机构可以根据自有资源从企业的各个阶段形成系统化、持续化的辅导流程，在各个流程上配备相应的创新创业导师。

3）阶段匹配的原则

创新创业导师聘任机构也要根据具体管理的创业项目的成熟度及创业项目所处的不同发展阶段,匹配不同功能的创新创业导师。

发达城市的知名大学和双创园区,所处经济环境较为发达,大环境商业模式较为丰富,创业团队综合能力较高,创业项目较多,创业项目成熟度较高,创新创业导师聘任机构就要重点聘任有商业模式提升经验的管理咨询类导师、有行业经验和资源的导师、投融资专业的导师对创业团队和项目进行辅导。

地方的一般性大学和专业技术类职校,创业环境较为普通,周边经济形态和商业模式较为单一,学生创业积极性不高,创业项目的商业模式有待探讨,创新创业导师聘任机构就要重点聘任影响力类型导师、示范类型导师、综合型导师,针对部分地区的大学和创业园区创业项目较少的具体情况,创新创业导师聘任机构就要重点考虑如何激活目标群体的创业激情,聘任较强交互能力和示范能力的创新创业导师。

4）专业匹配的原则

创新创业导师的聘任要针对被辅导项目专业性进行匹配,必须具备该项目所处行业的丰富、专业化的从业经历和项目指导经历。

大学电子信息、互联网相关专业和互联网类的双创基地可以聘任优秀的电子信息类大学生创业成功的年轻企业家辅导创业。大学工程类、科技类专业可以聘请国内专业化行业技术研究机构(研究所)相关专家进行专业技术指导。大学艺术类、文史类专业可以聘请国内实力派艺术家,优秀的演艺公司、传媒公司、公关公司的运营官进行专业化的创意及运营指导。

7.2 创新创业导师聘任渠道

根据创新创业导师的聘任原则,聘任机构结合其管辖辅导和支持的相关创业团队的具体情况聘任不同类型的创新创业导师。

7.2.1 影响力类型导师聘任渠道

影响力类型导师一般具有较高的知名度,所处的企业和工作单位也是社会性明星企业和机构,且是具有全国或者区域影响力的专家。聘任机构应当通过本机构的上级主管部门介绍,对该专家进行正式邀请,或者通过影响力类型专家的企业和机构的上级主管部门(当地政府管理部门)介绍,对该专家进行正式邀请。

7.2.2 行业类型导师聘任渠道

行业类型导师最直接的聘任渠道是全国范围或者本区域内的行业协会,通过相关行业协会的介绍和推荐，能聘请到较好的行业类型导师。同时，该行业的政府主管部门的相关领导也是行业宏观教育类型的最佳导师人选。

7.2.3　示范类型导师聘任渠道

示范类导师关键是他们在创业者和创业团队中的示范效应，针对创业者的心理，与他们创业经历相似，社会地位相似，教育经历相似，甚至包括与他们的年龄阶段相似的人的成功才是最好的示范。最好的示范类型导师就是各种创业大赛的获奖企业的创始人，真正从校园走出来的成功创业团队，一方面可以通过与各种创业评选机构（一般为政府服务型机构和行业协会）进行联系，另一方面可以聘请本校走出去或者其他兄弟友好学校的优秀创业团队，或者本园区发展壮大的企业回到学校，回到园区，回到他们最初创业的地方为新的创业者现身说法。

7.2.4　投融资金融导师聘任渠道

金融投资永远是创业项目在每个阶段都最关注的核心要素，而优秀的投融资专业导师，为创业团队带来的不只是资金，更重要的是核心团队的金融意识，以及创业企业健康稳健的金融架构和资本发展需求路线图。基于此，具备丰富创业企业投融资经历的创投行业的职业投资经理人就是创业团队和创业项目的重要保障。

同时，针对创业项目的种子期、天使轮、A 轮等不同投资周期的特点，选取和聘任适合不同类型的投融资导师十分重要。关键是投融资导师经历项目的数量和质量。

大型天使类创投基金的成功投资经理是此类导师的最佳人选。经历众多项目的自由天使投资人也是比较好的选择。

7.2.5　科技技术型导师聘任渠道

科学技术型导师的聘任目的主要是为聘任机构所管理的创业项目提供专业化科学技术指导。而聘任机构所管理的创业项目的行业类别和技术类别决定了拟聘任的科技技术型导师的类别。

科技技术型导师通常是指具有较高科学技术水平、丰富的实践经验并具备创新开拓精神的科技工作者。

根据我国的具体情况，科学技术型导师主要分布在以下机构：国家级专业化研究机构、大学专业化研究机构、国家部分改制的行政事业单位专业化研究院所、部分行业协会下属的本行业专业化技术研究院所、大型或者超大型企业专业化研究所。

例如：国家级研究所有：中国科学技术信息研究所、中国科学院国家天文台南京天文光学技术研究所、中国科学院金属研究所、国家体育总局体育科学研究所、中国科学院生物物理研究所、中华人民共和国民政部中国地名研究所、国家发展和改革委员会能源研究所、国家计委产业发展研究所、中国科学院。

7.2.6　综合型导师聘任渠道

综合型导师主要是指专业从事创业指导、辅导的全面管理和过程控制,并在创业全阶段均有较强经验的专业化专职型创新创业导师,偏重管理,适合园区化多项目的综合管理。

全国各地众多的双创园区和双创基地及大学的各种创业基地的专职化管理者和运营者,就具有这方面的很强的实际经验和工作历程。他们熟悉创业者和创业型公司创业过程的每个阶段的最实际的需求,最真实的想法,甚至在某些时间比创业者自己更清晰地洞悉创业企业的实际需求。

但是,目前我国双创园区和双创基地的实际运行效果不是很好,在管理模式、经济效益、社会效益、影响力方面真正优秀的双创园区和双创基地并不多。

因此,聘任机构想聘任综合型导师,必须经过比较认真的社会调查,落实相关管理机构对目标单位和目标导师的真实评判,对方能力符合自己实际需求,方可聘任。

综合型导师更加贴近聘任机构的实际工作,能更好地为聘任机构建立起更加完备的创业管理体系。

7.2.7　服务型导师聘任渠道

服务型导师与综合型导师类似,更加偏重具体业务管理和实施,偏重创业项目本身和创业团队本身的具体指导和管理。

服务型导师主要是指专业从事创业指导、辅导,并在具体项目和团队服务方面,在创业全阶段均有较强经验的专业化专职型创新创业导师,服务型导师为具体的创业项目服务。

7.2.8　领域型导师聘任渠道

领域型导师主要指对创业型企业在企业运行过程中必须经历的相关必要领域进行辅导的创新创业导师,主要包含:专注于商业模式创新与研究的商业模式创新创业导师,专业化团队建设管理的管理型创新创业导师,专业的市场化、运营推广类导师,熟悉公司财务标准化运作的财务专家,擅长公司人力资源管理的人力资源专家,还包括法务、政策等领域的专家。

此类导师的专业性较强,建议主要针对和面向市场化较为完善的专业化服务公司的专家,同时,可以聘请相关政府和行业研究机构的专家。

7.3 聘 任 方 式

7.3.1 创新创业导师聘任期限

不同组织机构聘任创新创业导师时,按照内部聘任和外部聘任两种不同方式,聘任期限各不相同。

1. 内部聘任

针对创业者的需求,不同组织机构在内部进行创新创业导师聘任。例如,高校为了激发大学生创新创业热情和兴趣,理解创新创业政策和观念,培养创新创业意识和能力,选拔高校内部的优秀教师作为其创新创业导师。这种类型的创新创业导师,聘任期限没有时间限制,除非有特殊情况。

2. 外部聘任

针对创业者的需求,不同组织机构还需在外部进行创新创业导师聘任。例如,高校为了提高学生创新创业实战能力,规避创业风险,并及时解决学生创业过程中遇到的问题,选拔高校外部(如优秀企业家、行业精英等)的优秀教师作为其创新创业导师。这种类型的创新创业导师,聘任期限一般为 1～3 年时间。

7.3.2 创新创业导师聘任要求

1. 创新创业导师能力要求

不同组织机构聘任创新创业导师后,需要对创业者开展各种指导、培训等工作。要求聘任创新创业导师具备以下一种或几种能力:

(1)有创业经验或企业实体,热心社会事业、有责任心、有一定创业理论基础。这种类型的导师一般为企业家。

(2)提供创新创业理论知识、创新创业就业政策辅导和指导,树立正确的就业创业观念,培养创业者的创新创业意识和能力。这种类型的导师一般为高校教师。

(3)提供企业运营、法律、税务、投资、金融、咨询等方面的指导或技术转化。这种类型的导师一般为投融资专家或企业家。

(4)结合自身工作情况,提供科技发展、智慧城市、能源效率、社区发展、文化创意、健康与福祉、社会可持续发展等方面的创业知识咨询与培训。这种类型的导师一般为行业精英。

2. 创新创业导师工作要求

组织机构聘任创新创业导师后,创新创业导师在做到保守所辅导创业企业的商业秘密的前提下,还要进行以下几方面的工作:

（1）创业指导：对创业者进行创新创业知识、技能等指导与帮助。

（2）项目评估：对创业项目商业计划书和创业项目进行遴选、评审、论证、投融资评估等工作。

（3）指导反馈：及时与聘任机构沟通辅导创业者的进展情况，提出意见和建议。

（4）培训与分享：出席聘任机构举办的相关创业活动、论坛、会议，定期与创业者互动交流，不定期举行培训或专题讲座。

（5）专业咨询：为创业者提供创业指导、商业模式搭建、市场分析、营销策略、融资、企业管理和资本运营方面的咨询，引荐被辅导创业者或创业企业的产品或服务，向创业投资机构推荐优秀创业项目。

（6）评价考核：聘任机构建立创新创业导师评价考核机制，定期对创新创业导师进行评价考核，作为创新创业导师评优及续聘的参考依据。

7.3.3　创新创业导师聘任方式

不同组织机构聘任创新创业导师时，一般可以通过自荐、机构推荐、主管部门邀请等方式，并由组织机构对其进行选聘、认定、聘书发放和日常工作管理工作。

1. 自荐

根据组织机构发布的创新创业导师聘任要求，从事创新创业活动的人可以填写相关报名资料，以自荐方式申请成为举办机构的创新创业导师。这种方式适合小型组织机构内部开展创新创业导师评选活动，对参加评选的导师有一定的了解，评选活动时间较短，如高校举办创新创业导师评选活动，相应教师可以根据自身情况，以自荐方式进行申请。

2. 机构推荐

根据组织机构发布的创新创业导师聘任要求，由其下属机构为其推荐创新创业导师。这种方式适合大型组织机构，选拔不同领域的优秀创新创业导师，为其下属机构推荐创新创业导师，评选活动持续时间较长，如教育部办公厅开展的建设全国万名优秀创新创业导师人才库活动，由各个省教育厅向教育部推荐优秀创新创业导师。

3. 主管部门邀请

根据组织机构发布的创新创业导师聘任要求，面向一些取得累累硕果、成效显著的创新创业导师发邀请函，聘请其成为机构的创新创业导师。这种方式一般用于中小型组织机构，如省教育厅、高校、众创空间、孵化器、媒体机构等，评选活动时间短，如清华 x-lab"创—CEO 特训营"邀请 35 位企业家或高校专家作为其创新创业导师。

总之，根据不同组织机构对创新创业导师的要求，让创新创业导师了解其聘任要求和方式等，整合优秀创新创业导师资源，搭建创业者与创新创业导师对接平台，解决创业者在创业过程中的能力提升需求，强化对创业工作的指导和服务，提高创业成功率。

7.4 聘任流程

7.4.1 聘任机构

聘任机构成立专门的管理委员会,下设创业导师办公室。

创业导师管理委员会主要由聘任机构管理方、优秀的创业导师代表、创业团队创业企业代表、政府相关管理机构代表、其他第三方监督机构组成。

创业导师委员会的主要职责是:负责审定创业导师的管理办法;负责组织对创业导师的考评、选聘;对导师委员会办公室执行制度及纪律的情况进行监督。

创业导师办公室主要由聘任机构委派的专职和兼职人员组成,负责执行创业导师委员会的决定,负责具体日常管理工作,组织创业导师开展活动,为推进创业导师工作提供保障。

创业导师办公室主要职责是:组织创业导师开展创业指导及其他相关活动;受理创业导师申请推荐资料并提出审核意见,收集、整理创业导师基本信息,建立创业帮扶"服务档案",对导师的服务方式、成效进行记录、跟踪,对创业导师提出建议;承办导师委员会交办的其他相关工作事项。

创业导师办公室要建立导师服务情况收集制度,记载每个导师每次开展创业指导的情况,并负责收集创业者对指导效果的意见反馈,建立导师参与创业指导服务满意度调查档案,为导师续聘及考评提供依据。创业导师指导创业企业参加各类项目申报、评比、竞赛、科研等活动获得相关荣誉或业绩的,应如实记入导师帮扶档案,并作为导师续聘和考评的重要指标。

7.4.2 创业导师管理办法制定及发布

创业导师办公室根据管辖及服务范围的创业企业及项目实际情况制定《创业导师管理办法》,报请管理委员会批准,重点包含创业导师聘任条件、工作职责、工作方式、任职期限、相关补助和待遇等,并通过相关渠道向社会发布主要关键性内容(如创业导师入选标准、创业导师申报表等),并根据后期正式聘用的创业导师具体信息,建立起完善的创业导师库,并充分完善信息,保持持续更新和吸收创业导师。

7.4.3 创业导师聘任程序

1. 创业导师聘任申请

拟聘创业导师申请成为创业导师库成员,需填写《××创业导师申请表》(见表7-1),并提供以下材料的原件及复印件:身份证、学历证书、职业资格证书、专业技术资格证书、专业领域成果证明、工作经历证明,从事创业指导、实训等服务相关工作资历证明材料,扶持创业工作相关荣誉证明材料,提交创业导师委员会审定。

表 7-1　××创业导师申报表

导师姓名						
国籍		性别		出生年月		学位/职称
现工作单位				现从事学科、专业		
通信地址				邮编		传真
联系电话				电子邮箱		
工作简历 (含学历)和 主要成就及 本人专长	(必须包含创业辅导、投融资、行业管理等与创业相关的职业经历)					
聘用类别	影响力类型导师		行业类型导师		示范类型导师	
	投融资金融导师		综合型导师		服务型导师	
	商业模式导师		团队管理导师		市场营销导师	
服务方式	1. 专职服务　　2. 面授辅导 3. 网络辅导　　4. 资源推介 5. 创业咨询　　6. 专业诊断 7. 其他方式					
服务频次	每月面授　　次,网络辅导　　次。					
聘用意见				×××××创业园区管委会 年　月　日		

2. 创业导师聘任审核

创业导师办公室根据拟聘创业导师所填报的《××创业导师申请表》,对照管理办法确认拟聘创业导师是否符合基本条件,通过调研、问询、相关机构核实等手段,确认导师推荐、晋升资格条件、参与服务的意愿及承诺等申报信息真实有效。由创业导师办公室将《××创业导师申请表》统一上报创业导师委员会。

创业导师委员会召开评审会,由创业导师委员会过半数成员审核通过,根据"绩效优先、择优聘用"的原则,确定创业导师人选及其等级。

由创业导师办公室与创业导师沟通交流,经拟聘创业导师认可《创业导师管理办法》相关内容。

3. 创业导师聘任

创业导师聘任机构与拟聘创业导师签署《创业导师聘任协议书》,正式加入创业导师团队,由创业导师聘任机构颁发《××创业导师》证书,并确认创业导师具体的工作内容。创业导师名单及相关信息须定期通过相关渠道向社会公布,实行动态管理。

4. 创业导师项目选择

创业导师有权选择被辅导的创业项目,创业项目也有权选择创业导师。双方同意后,正式签署《××项目创业辅导协议书》。

5. 创业导师的续聘和解聘

创业导师聘期已到的可根据导师履行工作职责情况续聘或解聘。

7.5 创业导师评价活动

7.5.1 创业导师评价活动的目的和意义

目前,国内虽然开展了各种各样的创业导师评选活动,但对于创业导师如何评价和考核,目前仍在探索阶段。因为创业导师来自不同的行业、领域,且具备不同的知识体系,对其进行统一评价存在很大的难度。因此,开展不同组织和机构的创业导师评价活动,挖掘出具有较高理论水平、实践经验的各行各业优秀创业人才,建立优秀的创业导师人才库是目前急需解决的问题。

通过创业导师评价活动,目的是挖掘出真正具有较高理论水平、实践经验的各行各业优秀创业人才,力求全方位、体系化地发挥创业导师的作用,深入推进"大众创业、万众"工作的蓬勃发展,帮助创业者提供科学的咨询辅导和解决在创业道路上遇到的各种困难,减少创业者在创业道路上尽可能地少走弯路,提高创业成功率。

7.5.2 创业导师评价活动的举办方类型

目前,开展创业导师评价活动的举办方类型一般可分为以下 7 种。

1. 政府主导型

教育部、各级政府部门为了选拔优秀创业导师帮助不同创业群体减少创业弯路,提高创业成功率,举办创业导师评价活动,制定考核机制和方法,选拔具有真才实学的优秀创业导师。

2. 高校主导型

各个高校为了推进大学生的创业教育,制定评价和考核机制,选拔优秀创业导师,面向全体、分类施教、结合专业、强化实践,促进学生全面发展,提升人力资本素质,努力造就大众创业、万众的生力军。

3. 新闻媒体机构主导型

中央电视台、新华网等媒体响应国家创业战略,制定评价标准,选拔优秀创业导师,展示创业者风采,汇聚了知名企业、创投机构、中外媒体等,以国家电视台和新闻媒体的高度扛起双创舆论宣传大旗,助力推动国家驱动发展战略。

4. 公益性组织主导型

由创业公益辅导的创业实践者成立的非营利性民间组织,制定评价标准,选拔优秀创业导师,为创业者和中小微企业进行免费咨询、免费培训、免费辅导和免费推荐,最终实现节约时间成本、提高生命效率、推动创业生态建设之公益价值。

5. 协会主导型

由政府批准成立的各个行业的协会,制定评价标准,选拔优秀创业导师,为协会成员创业提供创业指导、创业培训、创业交流、金融指导等服务。

6. 孵化器和众创空间等机构主导型

由大学、非营利性组织和风险投资家创建的孵化器、众创空间等机构,制定评价标准,选拔优秀创业导师,为入驻的创业者提供从创意到企业起航全过程的咨询辅导服务。

7.5.3 创业导师评价活动的基本流程

举办方组织创业导师评价活动,目的是选拔各行各业优秀创业人才、具有较高理论水平和实践经验的专家学者,集聚优质共享的创业导师资源,切实发挥创业导师的教育引导和指导帮扶作用,提高创业教育的针对性、时代性、实效性,增强创业者的精神、创业意识和创业能力,努力造就大众创业、万众的生力军。评价活动聘任基本流程如下:

(1)活动举办方成立专门创业导师委员会(或类似组织),成员来自于创业领域的专家、各行业精英等。

(2)制定创业导师管理办法和评价考核机制。在举办方组织创业导师评选活动时,面向参加活动的创业导师公布。

(3)对于聘任的创业导师,定期开展创业导师评价和考核。根据不同机构具体而定,分月度考核、季度考核和年度考核等。

（4）面向相应群体，对创业导师进行评价，评价方式可以通过网络评价、问卷评价、绩效考核等。最终结合各方面指标，由创业导师委员会（或类似组织）确定评价结果，并面向社会公布结果。

（5）对于评价优秀的创业导师，给予表彰奖励。

7.5.4　创业导师评价活动的基本核心要素

对创业导师开展评价，其基本核心要素如下：

1. 责任

创业导师要具有强烈社会责任感和奉献精神，热心参与创业指导服务工作，及时解决帮扶的创业者提出的问题，使创业者在企业经营管理方面能够迅速步入正轨，提升所创办企业的整体实力；讲授创业知识，提高创业者的信心和成功率，分享自身创业经历，激励和帮助更多创业者实现自主创业，培育未来创业人才。创业导师的责任心考察，主要通过对帮扶者问卷和日常的工作中考核。

2. 能力

按照专业、行业类别划分，不同的创业导师应具有创业经历、专业知识、创业理论、人力资源、投资融资、财务管理、政策法规等知识和能力。创业导师能力的高低可以从孵化成功率、获得成果等多方面评价。

3. 公益心

创业导师应关心创业者，热心公益，志愿奉献时间、技能、资金和经验，积极帮助和扶持创业者创业，不以营利为目的。可以通过参加的公益活动来评价。

4. 素质

创业导师应具备良好的综合素质，用自身行动和经历，告诉创业者要有开放的胸怀、分享的精神、承担责任和全球化的眼光做企业。

7.5.5　创业导师评价活动的具体方案

针对不同的创业者，为其配备不同的创业导师。因此，创业导师在辅导创业者的过程中扮演不同的角色。对创业导师进行评价和考核，应根据其承担的任务进行综合评价，而不能一概而论。

下面以高校创业导师为例，评价主要包括主管部门评价、受益人群评价和网络评价三方面。

1. 主管部门评价（占 60%）

根据表 7-2《高校创业导师评价表》的内容，每年对创业导师进行评价，占总分的 60%。创业导师考核内容都以学校专门负责创业教育的单位统计为准。

表7-2 高校创业导师评价表

导师姓名		性别		（创业导师照片）粘贴处
单位名称		专业		
从事工作		职称		

考核内容	考核依据	评分标准	分值	评分
辅导大学生创业人数	根据创业导师为大学生开展创业课程、讲座等参与的学生数来评价	人数为60～120个，5分； 人数为120～180个，8分； 人数为180个以上，10分	10	
辅导大学生创业成功率	以创办企业跟去年的盈利额相比较来评价	盈利增加1～5%，10分； 盈利增加6～10%，15分； 盈利增加10%以上，20分	20	
指导学生参赛成果	根据创业导师指导学生参加学校认可的创业大赛等级来评价	校级竞赛获奖，5分； 省级竞赛获奖，8分； 国家级竞赛获奖，10分	10	
指导学生申请专利	根据创业导师指导学生申请获批的专利种类和数量评价	获批实用新型专利、外观设计专利和软件著作权数量1～3个，5分； 获批实用新型专利、外观设计专利和软件著作权数量4个以上，8分； 获批发明专利1个，10分	10	
指导学生申请创业项目	根据创业导师指导学生申请获批的创业项目级别评价	校级项目，5分； 省级项目，8分； 国家级项目，10分	10	
创业导师编写教材	根据创业导师编写教材角色和字数而定	为参编人员且字数超过5万字，5分； 担任副主编且字数超过5万字，8分； 担任主编且字数超过5万字，10分	10	
创业导师申请课题或获奖	根据创业导师申请课题或获奖等级而定	申请获批校级创业课题或校级成果奖，5分； 申请获批省级创业课题或省级成果奖，8分； 申请获批国家级创业课题或国家级成果奖，10分	10	
创业导师发表相关论文	根据创业导师发表的论文期刊等级而定	普通级期刊，5分； 一级期刊，8分； 特级期刊或被检索的论文，10分	10	
创业导师获得荣誉	根据创业导师获得荣誉级别而定	校级荣誉，5分； 省级荣誉，8分； 国家级荣誉，10分	10	
总 计			100	

2. 参与创业的大学生评价（占 30％）

主要是通过问卷调查，让创业导师指导过的学生填写创业导师评价表，评价的内容主要包括创业导师讲课内容、指导态度、帮扶效果、改进措施等方面。

3. 网络评价（占 10％）

把创业导师一年的工作通过网络宣传和公布，让大家以投票的方式选出优秀的创业导师。一方面，可以宣传创业活动，营造创业校园气氛；另一方面，通过宣传投票，让更多的大学生了解创业教育和活动，激发学生创业热情，增强大学生的精神、创业意识、创业能力和提高人才培养质量，努力造就大众创业、万众的生力军。

总之，通过不同组织、机构开展创业导师评价活动，建立评价考核机制，真正挖掘出具有较高理论水平、实践经验的各行各业优秀创业人才，建立优秀的创业导师人才库，推动国家创业生态体系建设。

参 考 文 献

[1] ST-JEAN E. Mentoring as professional development for novice entrepreneurs：maximizing the learning1[J]. International Journal of Training and Development，2012,16 (3):200-216.

[2] CULL J. Mentoring young entrepreneurs：What leads to success? [J]. International Journal of Evidence Based Coaching and Mentoring，2006,4(2):8-18.

[3] 王碧昱. 借鉴中国传统文化之精华 做好现代大学学生工作[J]. 中国轻工教育,2011 (04).

[4] 廖惠芳. 气有浩然 学无止境：山东大学校训中的为人、为学之境[J]. 国家教育行政学院学报,2008(10).

[5] 尚永亮. 术有专攻与无用之用[N]. 光明日报,2004-12-31.